智库中社

国家智库报告 2018（41）
National Think Tank

社会·政法

中国人才创新创业优质生态圈发展报告（2018）

——对北上广深杭5市25区的第三方评估

中国人才创新创业优质生态圈评估研究课题组　著

ANNUAL REPORT ON CHINA'S DEVELOPMENT OF
INNOVATIVE AND ENTREPRENEURIAL ENVIROMENT
FOR TALENTS.2018—THIRD PARTY ASSESSMENT
OF THE 25 DISTRICTS OF BEIJING, SHANGHAI,
GUANGZHOU, SHENZHEN AND HANGZHOU

中国社会科学出版社

图书在版编目（CIP）数据

中国人才创新创业优质生态圈发展报告：对北上广深杭5市25区的第三方评估.2018／中国人才创新创业优质生态圈评估研究课题组著.—北京：中国社会科学出版社，2018.10

（国家智库报告）

ISBN 978 - 7 - 5203 - 3438 - 9

Ⅰ.①中…　Ⅱ.①中…　Ⅲ.①人才培养—研究报告—中国—2018　Ⅳ.①C964.2

中国版本图书馆 CIP 数据核字（2018）第 243597 号

出 版 人	赵剑英	
项目统筹	王　茵	
责任编辑	喻　苗　马　明	
责任校对	石春梅	
责任印制	李寡寡	

出　　版	中国社会科学出版社
社　　址	北京鼓楼西大街甲 158 号
邮　　编	100720
网　　址	http://www.csspw.cn
发 行 部	010 - 84083685
门 市 部	010 - 84029450
经　　销	新华书店及其他书店

印刷装订	北京君升印刷有限公司
版　　次	2018 年 10 月第 1 版
印　　次	2018 年 10 月第 1 次印刷

开　　本	787×1092　1/16
印　　张	8
字　　数	96 千字
定　　价	42.00 元

项目负责人

支振锋　中国社会科学院法学研究所研究员、中国社会科学院大学教授，《环球法律评论》副主编，博士生导师

项目组成员

张真理　北京市社会科学院法学研究所研究员、所长，国家"人才理论研究基地"北京市社会科学院基地负责人

樊　鹏　中国社会科学院政治学研究所研究员

刘朋朋　中国社会科学院政治学研究所助理研究员

刘小敏　北京市社会科学院市情调查研究中心助理研究员

王釜屾　浙江省社会科学院法学研究所副研究员、法治评估办副主任

吴建平　中国劳动关系学院教授

孙南翔　中国社会科学院国际法研究所助理研究员

李　辉　中国社会科学院国际法研究所助理研究员

陶元浩　中共中央党校党建部讲师

白　皓　中共中央党校（国家行政学院）博士后

骆小平　北京大学国际关系学院博士后

屠　凯　清华大学法学院副教授

王思锋　西北大学法学院教授、院长、博士生导师

张　琼　西南政法大学行政法学院讲师

韩莹莹　北京物资学院校办副主任、助理研究员

叶子豪　中国社会科学院法学研究所硕士生

刘晶晶　中国社会科学院上海研究院博士生

报告撰稿人

支振锋　张真理　刘朋朋　叶子豪　刘小敏韩莹莹

报告出品单位

华夏嘉研智库

摘要： 为认真贯彻习近平人才强国战略，确立人才引领发展的战略地位，推动《关于深化人才发展体制机制改革的意见》落到实处，在深刻理解市场经济规律与人才成长规律，一次性人才薪酬待遇与持续性人才创新空间，部门化人才创新政策与综合性区域发展环境之间关系的基础上，中国社会科学院法学研究所支振锋教授联合相关领域专家，开发人才优质生态圈评估指标体系，对北京、上海、广州、深圳、杭州5个一线城市25个一线城区（每个城市的GDP前5名城区）人才发展生态环境进行综合评估，以促进中国具有全球竞争力人才制度体系的构建，聚天下英才而用之。

关键词： 人才强国战略　优质生态圈　第三方评估

Abstract: In order to conscientiously implement the important thinking of Xi Jinping's strategy of strengthening the country through talents, establish the strategic position of talents to lead development, and promote the "Opinions on Deepening the Reform of System and Mechanism of Talent Development", Based on a deep understanding of the relationship between the laws of market economy and the law of talent growth, the one-time talent remuneration package and the continuous talent innovation space, the departmental talent innovation policy and the comprehensive regional development environment, the Institute of Law of the Chinese Academy of Social Sciences, in conjunction with experts in relevant fields, develop an index system of high-quality ecosystem for talents, and comprehensively evaluate the talent development ecological environment of 25 first-tier districts in the first-tier cities of Beijing, Shanghai, Guangzhou, Shenzhen and Hangzhou (the top 5 districts in each city's GDP) to promote the construction of a globally competitive talent system in China, the use of talent in the world.

Key Words: Strategy of Strengthening the Country through Talents; Quality Ecosystem; Third Party Evaluation

目　　录

第一章 人才创新创业优质
生态圈的理论构建

"尚贤者，政之本也。"党的十八大以来，以习近平同志为核心的党中央一直强调把人才工作放到党和国家工作的重要位置。党的十九大报告指出，"要坚持党管人才原则，聚天下英才而用之，加快建设人才强国。实行更加积极、更加开放、更加有效的人才政策"。2016年3月21日，中共中央发布《关于深化人才发展体制机制改革的意见》，强调"必须深化人才发展体制机制改革，加快建设人才强国，最大限度激发人才创新创造创业活力，把各方面优秀人才集聚到党和国家事业中来"。

2018年3月7日，习近平总书记在参加"两会"广东代表团审议时指出，发展是第一要务，人才是第一资源，创新是第一动力。7月3日，习近平总书记在全国组织工作会议上的讲话中再次明确要求，加快实施人才强国战略，确立人才引领发展的战略地位，努力建设一支矢志爱国奉献、勇于创新创造的优秀人才队伍。习近平总书记关于人才强国战略的重要思想，将中国重才、识才、爱才、用才的宝贵传统推向了新的历史高度，也为我们更新人才观念、完善人才制度、加强人才服务、发挥人才作用提出了更高的要求，为我们研究和构建更加科学的人才理论体系提供了根本遵循、基本方法和明确指引。

一　从"给待遇"到"创生态"

国以才立，政以才治，业以才兴，"致天下之治者在人才"。古今中外的人类历史不断证明，人才是一个国家最重要、最稀缺的战略资源。今天，人才竞争已经成为综合国力竞争的核心，人才资源作为经济社会发展第一资源的特征和作用更加明显。谁能培养和吸引更多优秀人才，谁就能在未来一个时期的综合国力竞争中占据优势和主动。党的十八大以来，以习近平同志为核心的党中央把加快建设人才强国摆到更加突出的位置，人才发展体制机制改革取得重要突破，人才队伍建设取得重大进展，人才创新创业能力大幅提升。习近平总书记多次就人才工作发表重要讲话，做出重要指示，提出了一系列新思想、新观点、新论断，深刻揭示了人才工作的内在规律，明确树立起选才用才的时代标尺，为广聚天下英才、构建人才强国指明了方向。

努力引资引智，争夺人才资源，不仅是世界各国竞争的重点，也已经成为国内各个地方政府施政的关键。为千方百计吸引人才，近两年来，国内一些一线、二线城市陆续出台各种人才引进政策，放出种种人才优惠政策大招，被媒体认为是掀起了新一轮"人才大战"。

早在 2016 年，深圳市政府就出台《关于促进人才优先发展的若干措施》，提出 81 条具体措施汇聚英才，为各类人才提供不同额度的生活补贴，同时也放宽落户限制，其中最为瞩目的是为新引进入户的全日制本科毕业生提供 1.5 万元的一次性租房和生活补贴。① 此后，深圳市人大常委会还于 2017 年 8 月 21 日通过《深圳经济特区人才工作条例》，该条例在人才培养、人才引进与流动、人才评估、人才激励、人才服务与保障等方面为人才工作提供了全方位的法律保障，并为构建激发人才活力、保护知识产权、物质与荣誉统一的奖励机制提供了明确行动准则。②

---

① 《中共深圳市委 深圳市人民政府印发〈关于促进人才优先发展的若干措施〉的通知》，http：//rcgz. baoan. gov. cn/rczc/szs/201610/t20161014_1286252. html，最后访问日期为 2018 年 10 月 22 日。

② 《深圳市第六届人民代表大会常务委员会公告（第八十号）深圳经济特区人才工作条例》，http：//www. sz. gov. cn/zfgb/2017/gb1022/201709/t20170926_8835762. htm，最后访问日期为 2018 年 10 月 22 日。

2017 年以来，人才大战"烽烟滚滚"，众多城市为吸引人才煞费苦心。西安市政府于 1 月 24 日率先发布《进一步吸引人才放宽我市部分户籍准入条件意见》，放宽户籍准入条件，降低技能人才落户、投资纳税落户、买房落户和社保缴纳年限等准入条件。① 深圳和西安两个城市的举措为这一轮人才大战拉开了序幕。随后，武汉、重庆、天津、深圳、广州、杭州纷纷跟进，出台人才引进政策，延揽天下英才。

2017 年 3 月，天津市发布《天津市推动非户籍人口在城市落户工作方案》，该方案加大人才引进力度，落实人才聚集战略，优化人才引进制度，同时优化居住证积分落户制度。② 2018 年 5 月，天津市政府发布"海河英才"行动计划，对创新型、高层次产业和高技能领域的顶尖人才、领军人才、高端人才、青年人才大幅度放宽落户条件。天津户口吸引了无数英才前来"投效"，一时间"千乘万骑入津来"。据澎湃新闻报道，自 5 月 16 日"海河英才"行动计划政策发布以

---

① 《西安市人民政府关于印发进一步吸引人才放宽我市部分户籍准入条件意见的通知》，http://www.xa.gov.cn/ptl/def/def/index_1121_6774_ci_trid_2297039.html，最后访问日期为 2018 年 10 月 22 日。

② 《天津市人民政府办公厅关于印发天津市推动非户籍人口在城市落户工作方案的通知》，http://gk.tj.gov.cn/gkml/000125022/201703/t20170303_70309.shtml，最后访问日期为 2018 年 10 月 22 日。

来，到 21 日，直接落户 5800 余人，领取调档函 2.7 万多人。①

广州市于 2017 年 11 月联合十部门制定发布了内容更为全面和系统的《广州市高层次人才认定方案》《广州市高层次人才服务保障方案》《广州市高层次人才培养资助方案》，这 3 个人才方案对经认定的广州市高层次人才给予医疗保障、子女入学、配偶就业、住房保障、学术交流等方面的优厚待遇。② 这是广州市为实施人才强市战略，建立科学规范的高层次人才评估体系，广泛吸引高层次人才来穗创新创业而打出的组合拳。

杭州市政府继 2015 年出台"人才新政 27 条"、2016 年出台杭州"人才若干意见 22 条"之后，2018 年年初，杭州市委、市政府又出台《关于加快推进杭州人才国际化的实施意见》，提出"全球聚才十条"和"开放育才六条"等，希冀在培养本土人才的基础上大力引进国际人才。根据 BOSS 直聘研究院发布的《2018 年一季度人才吸引力报告》，2018 年第一季度，

---

① 澎湃新闻：《天津人才新政七日：从史上最低落户门槛，到坚决杜绝户口空挂》，https：//www. thepaper. cn/newsDetail _ forward _ 2145 035，最后访问日期为 2018 年 10 月 22 日。

② 《关于印发〈广州市高层次人才认定方案〉、〈广州市高层次人才服务保障方案〉、〈广州市高层次人才培养资助方案〉的通知》，http：//www. zc. gov. cn/zx/ztjj/rcfw/rczc/201805/W020180518395071516324. pdf，最后访问日期为 2018 年 10 月 22 日。

杭州应届毕业生留存率逼近 90%，接近北、上、深。高学历人才（硕士及以上学历）流入率达到 1.32，大幅领先其他新一线城市。[1]

随着北京、上海两个一线城市的加入，人才竞争大战在 2018 年进入白热化阶段。3 月，北京和上海分别发布《北京市引进人才管理办法（试行）》（下称《管理办法》）和《上海加快实施人才高峰工程行动方案》（下称《行动方案》）。北京的《管理办法》强调加大对科技创新、文化创意、体育、国际交往中心、金融、教育科研医疗、高技能 7 类人才的引进力度，同时加强人才落户保障、优化人才办理程序等。[2] 而上海则重点聚焦 13 个领域的高峰人才，包括宇宙起源与天体观测、光子科学与技术、生命科学与生物医药、集成电路与计算科学、脑科学与人工智能、航空航天、船舶与海洋工程、量子科学、高端装备与智能制造、新能源、新材料、物联网、大数据，不断释放人才政策利好。而且上海还实行"一人一策"的人才政策，为高峰人才量身创设新型工作机构，不受行政级别、

---

① BOSS 直聘研究院：《2018 年一季度人才吸引力报告》，http：//www.199it.com/archives/719325.html？from = timeline&isappinstalled = 1，最后访问日期为 2018 年 10 月 22 日。

② 《关于印发〈北京市引进人才管理办法（试行）〉的通知》，http://www.bjrbj.gov.cn/xxgk/zcfg/201803/t20180321_71585.html，最后访问日期为 2018 年 10 月 22 日。

事业编制、岗位设置、工资总额限制。①

　　在各地的人才竞争中，高薪待遇自不待言，而种种配套政策更加令人心动。整体来看，这轮人才竞争除了"给待遇"，还有一些值得关注的特点：第一，各城市人才大战主要集中在引进科技型、创新型等高水平人才；第二，各城市都提供落户政策和购房补贴等方案吸引人才；第三，在社会保障方面，医疗、教育、配偶工作、科研补贴等优惠政策也是吸引人才的重大举措。这说明，在改革开放 40 年后，各地区已经逐渐对人才有了更加精细的战略擘画，而人才也不仅仅看"待遇"，更看政策和环境。

　　但也应该看到，在各城市激烈的人才争夺竞争中，除了"烽烟四起"，也存在政策出台仓促，调研不足、论证不够，规定不科学、实施有困难的情况，不仅妨碍了这些城市重才的"名声"，同时也暴露了一些城市在决策论证和管理实施上的缺陷，也给众多"蜂拥而至"的人才带来了负担和困扰。而且，从以往的实践来看，不少地方只顾承诺给高薪、给待遇等优惠条件，却不重视给人才的保障服务和发展平台，最后导致要么人才是来了，但却无法施展才华，做不出预期

---

① 人民网：《上海出台人才高峰工程行动方案》，http://renshi.people.com.cn/n1/2018/0328/c139617 – 29894583. html，最后访问日期为 2018 年 10 月 22 日。

贡献，没有"梧桐树"，"凤凰"又飞走；要么有些地方的某些单位不讲诚信，先用优厚条件把人才"骗来"，最后却兑现不了待遇，闹得很不愉快。

可见，对于人才，不仅仅是待遇问题，更重要的还有生活设施的详备、公共服务的便利、创业机会的培养、发展平台的支撑。人才工作绝不是给待遇就够了，而是创造一个有利于人才生活、创业和发展的系统化、综合性的生态系统。

因此，在招才引才过程中，破除引进人才易于陷入"钱来钱往"的怪圈，努力实现"以心换心"的境界，打造一个使其欣然而来、怡然自安、悦然有成的安居乐业生态系统，不仅引才聚才，更育才养才、助才用才，加快打造创新型人才高地，不断提升区域创新力与竞争力，正在成为中国人才政策的新特征和新常态。

在全国范围内，加强人才组织工作，打造适宜人才生存、发展、创新的制度环境和政策体系，呈现出"坚冰已被打破、航道已经开通"的方兴未艾之势。从地方人才生态环境建设情况来看，不少地方政府为进一步加强吸引人才，开始逐步加强人才生态环境的优化工作，重视打造人才优质生态圈。比如，2014年浙江省提出了打造人才生态最优省份，杭州、宁波、嘉兴、湖州、金华、台州等地纷纷开展人才生态最优城市争创活动；泰州市在2017年印发实施了《关于打造最优人才发展生态环境的政策措施》等文件。

二 人才创新创业综合环境的评估实践

人才生态环境的建设与优化已逐渐成为地方吸引和配置人才资源的基本战略。而要从整体上反映一个地区人才生态环境的全貌，并为其优化提供依据，就需要建立一系列相互关联的评估指标体系。这也符合中共中央发布的《关于深化人才发展体制机制改革的意见》中所强调的"促进人才发展与经济社会发展深度融合。坚持人才引领创新发展，将人才发展列为经济社会发展综合评估指标"。但目前来看，理论界对人才生态环境评估指标体系的设计和实践还有种种不足。

目前理论界主要从3个方面研究设计人才生态环境评估指标体系。

第一，从人才环境构成要素来进行评估研究。比如，邱安昌等将人才生态环境分为硬环境和软环境，进行指标体系构建。[①] 硬环境指标包括自然资源指标、经济发展环境指标、基础设施环境指标和社会发展环境指标；软环境指标包括行政环境指标、政策环境指标、法律环境指标、经济环境指标、服务环境指标、

[①] 邱安昌、王素洁：《东北人才生态环境及评估研究》，《东疆学刊》2008年第3期。

人力资源环境指标、金融环境指标、智力支持环境指标、人文舆论环境指标等。

第二，从人才的需求、发展及自我价值实现的角度设计指标评估体系。比如，李锡元等人根据需求层次理论提出了包括基础层次、社交层次和最高层次 3 个层次的人才生态评估指标体系[①]；许妍谢采用德尔菲法构建了一个包含经济、生活、社会、自然、创新 5 个二级指标，在各二级指标下设立 18 个评估指标的人才生态环境评估的指标体系，并利用主成分分析法对衢州市人才生态环境进行了横向和纵向比较分析。[②]

第三，结合特定领域和层级开展人才生态环境评估研究。比如钟江顺构建了中观省级层面的包含 6 个二级指标、21 个三级指标的人才生态环境评估指标体系，并利用因子分析方法对浙江省 11 个城市进行了测度[③]；张立新等从经济基础环境、成长激励环境、科技创新环境、生活环境和区位环境 5 个维度构建了市域科技人才生态环境评估指标体系，并使用熵值赋权法和基于非整秩次 WRSR 以山东省 17 个地市为例进行评

---

① 李锡元、查盈盈：《人才生态环境评估体系及其优化》，《科技进步与对策》2006 年 3 月号。

② 许妍谢：《欠发达地区人才生态环境的评估与分析——以浙江省衢州市为例》，《生产力研究》2017 年第 10 期。

③ 钟江顺：《人才生态环境评估指标体系构建与测度》，《生产力研究》2014 年第 3 期。

估和分档①；梁文群、郝时尧等依据高层次科技人才发展环境的含义以及对人才发展环境相关理论的系统分析，把高层次科技人才发展环境分为经济、科技、社会、生活、自然和人才市场环境6个子系统，筛选了33个统计指标，构建了高层次科技人才发展环境评估指标体系，并运用熵值赋权法对中国30个省份的高层次科技人才发展环境进行评估与比较②；刘瑞波、边志强构建了包括科技发展环境、科技自身环境、开放系统环境、保障和谐环境以及生存空间环境5项一级指标和29个二级指标的科技人才社会生态环境评估指标体系，并运用灰色关联度方法、因子分析法考察了科技人才与所构建评估体系指标的关联程度，对山东半岛蓝色经济区的科技人才社会生态环境进行了综合排序③；周学军、郑雅雯从经济基础、科技发展和人才保障3个方面构建了科技人才城市生态环境的评估指标体系，利用聚类分析法和因子分析法分析了江西省11个城市的科技人才社会生态环境竞争力状况。④

---

① 张立新、崔丽杰：《基于非整秩次WRSR的市域科技人才生态环境评估研究——以山东省17地市为例》，《科技管理研究》2016年第2期。

② 梁文群、郝时尧、牛冲槐：《我国区域高层次科技人才发展环境评估与比较》，《科技进步与政策》2014年第9期。

③ 刘瑞波、边志强：《科技人才社会生态环境评估体系研究》，《中国人口·资源与环境》2014年第7期。

④ 周学军、郑雅雯：《江西省科技人才社会生态环境评估研究》，《南昌航空大学学报》（社会科学版）2016年第3期。

通过对当前人才生态环境评估相关研究进行梳理，可以发现，在研究视角的选择方面，无论是地方实践还是学理探讨，针对人才环境的评估框架都主要强调人才发展的基础和人才保障政策，相对缺乏对人才创新驱动的必要考量。而在加快新旧动能转换和鼓励创新经济的时代背景下，创新驱动因素在人才工作中的重要性日益凸显。在研究对象和分析范围方面，现有的改革举措和研究主要集中于研究某一年或某一段时间单个或多个区域的人才生态环境分析，往往限于同一个省份的不同区域，而针对同一层级行政区划开展时序和空间上的横向与纵向比较的较少，并且在指标体系建构上还停留于宏观理论研究层面。这些不足正是人才创新创业优质生态圈评估所要着力避免的。

三　人才创新创业优质生态圈
评估的理论基础

为认真贯彻习近平人才强国战略，确立人才引领发展的战略地位，推动《关于深化人才发展体制机制改革的意见》落到实处，在深刻理解市场经济规律与人才成长规律，一次性人才薪酬待遇与持续性人才创新空间，部门化人才创新政策与综合性区域发展环境之间关系的基础上，中国社会科学院法学研究所、政治学研究所联合中央党校、国家"人才理论研究基地"北京市社会科学院基地、北京大学、西北大学等科研院所相关领域专家，开发人才优质生态圈评估指标体系，对北京、上海、广州、深圳、杭州5个一线城市的25个一线城区（每个城市的GDP前5名城区）人才发展生态环境进行综合评估，以促进中国具有全球竞争力人才制度体系的构建，聚天下英才而用之。

自2017年年底开始，经过近一年的酝酿和深入研究并广泛咨询相关领域专家，课题组开发了"人才创新创业优质生态圈"指标体系（具体指标体系及设置说明见下一章），着重于挖掘优质生态圈的创新驱动内涵。

（一）创新创业的生态化、网络化趋势

自20世纪30年代熊彼特指出"技术创新是一种新的生产函数"以来，技术创新对现代社会发展的深刻影响逐步为大众所认识，中西方学者从不同的视角研究探索技术创新的内涵、过程、动力机制、运作模式以及内外部影响因素，得出了许多富有启发的认识。

1. 国家创新系统的概念

国家创新系统是参与和影响创新资源的配置及其利用效率的行为主体、关系网络和运行机制的综合体系，在这个系统中，企业和其他组织等创新主体通过

国家制度的安排及其相互作用，推动知识的创新、引进、扩散和应用，使整个国家的技术创新取得更好的绩效。这一思想是技术创新网络理论（这种模式不但把技术创新看作一个跨部门的过程，而且看作跨机构的网络过程）在国家层面的应用。这一理论有几个要点：第一，创新是一个国家、企业、科研机构以及其他组织之间目标一致基础上的合作过程；第二，在这样一个过程中，各种参与主体之间的社会角色出现了交叉和模糊，而这种互动正是对创新资源的有效配置，以及创新动力的有效激发；第三，中国对国家创新系统的研究更多的是以"三螺旋理论"（大学、产业、政府）为名进行的，这一研究本土化色彩浓厚，提出了未来中国创新战略的主线将是政府创新的三元互动趋势、大学创新的科研与创业趋势以及产业创新战略的国际化趋势。

2. 技术创新激励理论

第一，市场机制对技术创新的主要激励表现在，从市场获取的利润越大，创新就更可能被激发，而市场规模越大，创新就更可能获得必要的资金；第二，制度激励对经济发展有关键作用：确立一种所有权，即确立支配一定资源的机制，从而使每一活动的社会收益率和私人收益率近乎相等；产权的界定和变化是制度变化的诱因和动力，新技术的发展必须以建立一个系统的产权制度为前提，以便提高创新的私人收益率，使之接近社会收益水平；一个社会的所有权体系若能明确规定和有效保护每个人的专有权，并通过减少革新的不确定性，促使发明者通过发明活动得到最大的个人收益，则会促进经济增长。第三，国家对技术创新的激励作用表现在，政府通过制订计划和颁布政策来引导和激励企业、科研机构、大学和中介机构相互作用、相互影响，从而加快科技知识的生产、传播、扩散和应用。

3. 技术创新的进化论

主要包括：第一，技术发展的线性模式，即技术创新从基础研究开始，而后经历应用研究、开发研究、创新、生产，最后止于销售，各环节间保持一种直线联系，这一模式所揭示出的基础科学是技术进步的一个长远而强大的动力，仍然对今天的科技政策具有导向性意义。第二，"有用知识到可行技术"的技术进化模式，即技术创新就是从有用知识集合到可行技术集合的映射过程，在这一过程中，有用知识集合的变化成为影响技术创新的重要因素。有用知识集合的变化一方面是通过盲目变化和选择性保留而产生的，另一方面则表现为对新知识的有意识地探求，而新知识又赋予技术创新一种先验的方向性。第三，渐进性创新与突破性创新各有作用不可偏废，即渐进性创新是在原有的技术轨道上的延伸，有可能成为突破性的创新的基础，而突破性技术创新是打破原有技术轨道的创新，是革命性的，能对经济产生巨大的溢出效应。第四，理想的技术创新拉动模式是由技术推动和需求拉动共同引发的巴斯德式创新模式，但基础研究引发的技术创新——技术推动的玻尔式创新模式，以及市场需求引发的技术创新——需求拉动的爱迪生式创新模式，也具有非常重要的作用。

4. 技术创新的生态化

这是与国家创新系统可以相提并论的技术创新理念变革。技术创新生态化把生态效益与社会效益纳入技术创新的目标体系，把单纯追求市场价值转向追求包括经济增长、自然生态平衡、社会生态和谐有序及人的全面发展在内的综合效益，追求四大效益的有机统一。生态化技术创新过程模型强调制度性组织因素必须贯穿和规制从创新设计到创新生产、消费的全过程。生态化技术创新的运行机制主要包括调控机制、动力机制和公众促进机制三种。其中，调控机制是指以政府为引导，以企业为主体，以高校和科研机构为支撑的立体调控机制。

（二）人才创新创业生态圈的概念

基于上述对创新活动的认识，我们将优质的人才创新创业生态圈划分为人才生活环境和人才发展环境。人才生活环境主要包括人才在一个地方安居所必需的医疗、交通、居住、教育、安全、自然等方面的基本条件。人才发展环境是指人才进行创新性活动或创办各类企业所必需的市场、政策、制度、秩序等方面的基本条件。

这样认识的主要理论依据是：在中国走向现代化的过程中，治理体系和治理能力的现代化是优质人才生态圈的决定性要素。而从树立人才竞争力的优势角度而言，治理体系和治理能力的现代化，首先反映在对地区居民安居乐业需求的普遍满足上，也即一个地区要为居民提供稳定的社会秩序、良好的社会治安、清洁的水源、清新的空气、合理的园林绿化等宜居环境，以及为居民解决衣食住行等基本需求的便利和高水平的公共服务。其中，最为基础的是优良秩序的建构，这种优良秩序意味着每一个认真生活、努力奋斗的人，都可以理所当然地设想：当我为了实现自身的价值追求和兴趣爱好而采取行动时，我拥有哪些权利？政府可以给我哪些保护？我行为的界限和约束在哪里？我的回报和风险何在？这些也是大众创新、万众创业的基本条件。

而对于人才来说，尤其重要的是，当他进行独创性的创新和创业活动时，当地是否具备较好的鼓励创新创业活动的空间，以及他/她的个性化需求能够获得的政策和制度支持的可能与力度，如经济发展的水平、人们的市场经济观念和契约精神、对产权的保护、法治化的良好营商环境以及公共服务水平等。因此，人才生态圈是一个人的尊严和人的需求被尊重的生态系统，是一个人的创业和创新能够得到支持的生态系统。它既是观测地方治理体系和治理能力现代化的一个窗口，也是检视政府围绕人才创新工作所进行的能动性改革的重要角度。评估不是目的，通过评估揭示出我们在引资引才、培养人才上的优势与短板，进而改善中国人才创新创业和发展环境，才是更重要的。

为更好地实现上述目的，课题组在研究过程中，着重进行了以下4方面考虑。

第一，在评估范围选择上，既避免全国大范围评估所带来的评估对象异质性及其所导致的评估结果失真，也避免同一省份内评估所导致的可参考性过低，因而选取国内最具代表性的北京、上海、广州、深圳、杭州5个一线城市的25个一线城区（每个城市的GDP前5名城区），以增强评估结果的典型性和代表性。

第二，在评估对象选择上，既避免省际评估的过于宏观，也避免行业评估的过于狭隘，而选取相关一线城市的主要市辖区，也即一线城区，以增强评估对象的针对性和具体性。

第三，在评估内容上，既重视单个评估指标本身的重要性，也重视评估指标之间的逻辑关联与相关性，以凸显相关市辖区人才创新创业生态圈的系统性和综合性。

第四，在价值取向上，既重视党管人才与党委组织部协调的原则性，也重视评估对象各相关部门在政策举措上的互动性与可持续性。"人才优质生态圈"指标体系尤其重视贯彻党管人才原则并凸显党委组织部在营造人才优质生态圈中的重要作用。在项目实施过程中，课题组还将通过对相关党委组织部进行更充分调研，对该部分所涉及指标进行丰富和完善。

表1　　北京、上海、广州、深圳、杭州5市25城区及其2016年GDP量

所属城市	区名称	GDP（亿元）	常住人口（万人）
北京	海淀区	5395.16	359.3
	朝阳区	5171.03	385.6
	西城区	3602.36	125.9
	东城区	2061.80	87.8
	通州区	674.81	142.8
上海	浦东新区	8731.84	550.0
	黄浦区	2104.44	65.62
	闵行区	2101.26	253.98
	杨浦区	1629.54	130.94
	静安区	1649.72	106.78
广州	天河区	3800.82	163.1
	黄埔区	2941.95	108.26
	越秀区	2909.48	116.11
	番禺区	1753.98	164.11
	白云区	1640.75	244.19

续表

所属城市	区名称	GDP（亿元）	常住人口（万人）
深圳	南山区	3845.27	202.32
	福田区	3561.44	150.17
	龙岗区	3177.06	214.38
	宝安区	3003.44	301.71
	罗湖区	1974.07	100.4
杭州	萧山区	1954.17	157.2
	余杭区	1447.84	135.9
	西湖区	976.99	84.42
	滨江区	958.60	33.56
	上城区	928.35	35.32

注：由于不同地区数据源统计口径存在差异性，不同数据源公布的 GDP 数值会存在一定差异，为保证各区指标数据口径一致性和可比性，各区 GDP 数值优先采用市级统计年鉴和年鉴数据，在市一级数据源找不到的情况下再采用区级统计年鉴、年鉴或公报里的数据。

四 评估技术路线与方法

人才创新创业优质生态圈评估的技术路线主要包括数据选取、数据来源、数据采集、数据缺失值处理、指标取值标准化、权重的确定和数据分析 7 个方面。

在年度数据选取方面，基于对地方政府数据公开的滞后性、被评估对象当期压力等因素的考虑，本年度评估以北京、上海、广州、深圳以及杭州 5 个一线城市的 25 个一线城区为评估对象，主要采用 2016 年数据对相关城区人才优质生态圈情况进行考察评估。

在数据来源上，通过对指标数据预采集和实地调研走访，并结合相关研究，明确了指标数值计算的数据以公开数据为主，以提供数据为补充的原则。本报告的评估指标所采集的数据主要来源于公开发布的渠道，集中于北京、上海、广州、深圳以及杭州5个城市的市统计年鉴、市综合年鉴、市专项年鉴、区统计年鉴、区综合年鉴、区国民经济与社会发展统计公报以及工作报告等，部分指标数据来源来自电话调研、实地走访以及各区组织部门的补充反馈。

数据采集方式为小组制。为了有效提高指标数据的有效性和客观性，数据采集以录入小组形式开展。课题组首先组织成立了数据采集小组，专门负责数据采集整理工作，在数据采集之前专门对数据采集人员进行指标数据录入培训（包括指标数据采集的渠道、指标数据统计口径以及具体指标数据录入方法等），保证指标数据录入的规范性、统一性、有效性。在数据采集完毕之后，又成立数据核验小组。该小组主要负责分工交叉核验、数据补充与修改、数据反馈各区、数据汇总与数据整理5个主要步骤。其中，交叉核验主要是数据收集完后交叉核验数据录入的准确性，有无错漏数据，保证数据真实性；数据反馈各区主要是将收集好的各区指标数据，以发函件的形式邮寄给各市、区组织部门，进一步核验校对数据的真实性，并补充部分缺失遗漏数据，课题组根据各区反馈数据再进行核验校对，最终确定指标数据。

数据缺失值的补充处理。由于各地方信息公开在及时性、全面性以及有效性等方面差异较大，同一个指标在某些地区存在缺失情况，这就导致指标数据汇总整理后部分指标数据不完整。课题组在不影响已有指标数据地区的评估排名的前提下采用数学方法对数据缺失地区的指标数值进行了数据填充。

指标取值的标准化。为保证指标评估的客观性、真实性，并有效消除不同指标之间存在的量纲效应，使每个指标都具有同等的表现力，所有三级指标的取值采用了同一种标准化方法，确保了指标对评估对象特征刻画的客观性和稳定性。所有二级指标和一级指标的评估得分采取三级指标加权求和的方式加总得出。

关于指标权重的确定，目前国内外关于指标权重确定的方法有数十种之多，从大类上区分，根据计算权重时原始数据来源以及计算过程的不同，可以分为主观赋权法、客观赋权法和综合赋权法。课题组重新审视了现有的指数指标体系的合理性，经充分研究和讨论之后决定采取主观赋权法的方式，即比较通用的德尔菲法（Delphi）。该方法又被称为专家评分法或专家咨询法。它是采取匿名的方式征求专家的意见，经过反复多次的信息交流和反馈修正，使专家的意见逐步走向一致，最后根据专家的综合意见，从而对评估对象做出评估的一种定量与定性相结合的预测、评估方法。采用这种方法，课题组确定了各指标权重。

在评估结束之后，课题组根据指标评估打分结果，分别以地区、指标等维度进行数据挖掘与分析，形成了分析报告。

第二章　指标体系设计与说明

科学的指标是评估工作开展的前提。人才创新创业优质生态圈评估自 2017 年年底启动，课题组先后召开了近 20 场专题研讨或咨询会议，在广州、北京、上海、杭州进行了充分调研，对深圳各区的政务服务中心和派出所进行了电话调研，并按照德尔菲法确定指标权重，最终形成了一套较为科学合理的评估指标体系。

一　指标体系的基本框架

在指标设置方面，"人才创新创业优质生态圈评估"的指标体系共设三级评估指标。其中，衡量区域人才创新创业优质生态圈需要考虑人才的日常生活环境和职业发展前景，因此将"人才生活环境"和"人才发展环境"作为人才创新创业优质生态圈评估指标体系的两大一级指标。

用以衡量人才生活环境的二级指标主要包括人居环

境、医疗环境、教育环境、安全环境、交通环境和行政服务6个方面。因为人才选择某个区域就业、投资、定居并非仅考虑个人，从长远来看，个人的选择会考虑更多家庭因素，这就涉及夫妻、父母、子女等家庭基本成员对生活环境的要求，因此人才生活环境下的二级指标设置考虑从更广的维度涵盖一个区域的人才生活环境。

人才发展环境指标同样从6个方面进行考察，分别是经济水平、市场发育、制度支持、人才培养、平台建设和创新活力，从经济环境、制度建设、发展前景、创新能力等方面评估展现一个地区对于人才发展环境的综合实力。各个二级指标下各设有若干个三级指标，全部一、二、三级指标共61个。三级指标分别从更加具体和细致的方面体现各个二级指标的要求。

在评估中，数据采集组围绕三级指标进行数据搜集和实地调研，最终根据三级指标得分情况来进行计算和评估。

表2　　　　　人才优质生态圈评估指标体系（不含三级指标）

一级指标	二级指标
人才生活环境	人居环境
	医疗环境
	教育环境
	安全环境
	交通环境
	行政服务

一级指标	二级指标
人才发展环境	经济水平
	市场发育
	制度支持
	人才培养
	平台建设
	创新活力

二　人才生活环境

人才生活环境主要包括人才在一个地方安居所必需的医疗、交通、居住、教育、安全、自然等方面的基本条件。对人才生活环境的刻画，我们主要从以下方面考虑：

（一）人居环境

人居环境对人的生存与发展具有基础意义。从世界大城市的发展情况来看，纽约、伦敦、巴黎、东京等发达国家大都市发展的经验表明，世界一流都市在发展到一定阶段后，均通过绿色城市建设提升改善城市人居环境，促进城市发展转型升级，以进一步确保城市的辐射力、向心力，从而继续成为世界最具魅力的枢纽和舞台。[①] 根据党的十八大、十九大报告以及近期中央相关工作会议精神，新时代需要"以人为本"的城市规划建设管理，城市发展要关注"三生（生产、生活、生态）空间协调"，做好"两保两杜（保护山水林田湖自然地理格局、保护历史文化遗产，杜绝建筑大洋怪现象、杜绝万楼一面千城一貌）"工作，形成每个城市的"绿色特色区域"，创造显山露水、透绿见蓝的现代化宜居环境。[②] 推进绿色建设、实现绿色发展不仅仅是解决"城市病"的重要途径，也对吸引人才、人才创新和创业具有不可估量的作用。现代人生活不仅需要鳞次栉比的大楼、干净卫生的酒店公寓，更需要清新的空气、洁净的水源、宜人的环境，以及能够负担得起的一个温暖港湾，尤其是考虑到近年来城市空气的污染以及高昂的房价极大地影响了人才生活和创业，在人居环境一、二级指标下，我们重点考虑了以下几个因素：

1. 城市绿色空间的发展情况

人在城市中能够获得多少绿色空间，不仅反映城市居民生活环境和生活质量水平，也是吸引人才工作和定居的重要考虑因素。一个城市的绿化水平，在很

---

① 俞滨洋：《大都市绿色建设的总体思考和建议》，《建设科技》2017 年第 22 期。

② 王建国等：《综述：城市人居环境营造的新趋势、新洞见》，《建筑学报》2018 年第 4 期。

大程度上体现了一个城市最基本的环境质量。绿色的森林、草地和绿植，乔、灌、花、草的合理搭配和格局设计，不仅给城市增添了美感，更给城市居民一种健康、惬意的生活空间和环境。绿色是城市之肺，也是健康之源，更是居民的诗意栖居。更重要的是，城市的绿化水平，也体现了城市治理者的发展理念和管理能力。

2. 城市景观的配置情况

城市景观优良，甚至拥有重要的旅游景区，不仅意味着该城区在交通、游览、安全、卫生、购物、环境保护等方面有着重要的优势，而且体现着城市的文化底蕴和格调品位。这一点对人才的行为选择影响巨大。无论是自然风貌、名胜古迹，还是动物园、植物园或者游乐设施的建设，都体现了一个城市的活力和对游客的吸引力，因此也是一个城市心胸开放、交流频繁、资讯发达、理念先进的体现。交流意味着商机，实践中，人们可以很容易地感受到旅游城市在观念上的开放，以及居民宽广的视野和更大的包容性。

3. 城市空气质量状况

近年来，雾霾的日益严重，极大地影响到了许多城市的形象，更妨碍了居民的健康。中国当前采用的空气污染指数（API）分为五级，API值小于等于50，说明空气质量为优，相当于达到国家空气质量一级标准，符合自然保护区、风景名胜区和其他需要特殊保护地区的空气质量要求。API 值大于 50 且小于等于 100，表明空气质量良好，相当于达到国家空气质量二级标准。空气质量水平与人的健康、寿命息息相关，因此良好的空气质量是吸引人才就业、定居的考虑因素。空气质量成为许多城市人居环境的短板，雾霾成为人才对许多城市望而却步的重要因素。因此，在此次评估中，被评估区域的空气质量也作为一项重要因素而纳入评估之中。

4. 房价水平

"安得广厦千万间，大庇天下寒士俱欢颜。"房屋是人们基本的生活需求，也是疲劳一天人们最温暖的港湾。近年来，房价畸高，地租攀升，不仅影响到了许多人的居住质量，也影响到了众多公司企业的创新发展。华为、小米等创新型企业，纷纷从高房价区域迁移，就是因为房价不仅影响到公司的运营成本，也增高了公司员工的生活成本，严重妨碍创新型企业的发展。可以说，住房问题关系到万千人才的就业和定居选择。某种程度上，房价水平是导致创新创业者难以定居的一个重要因素，而从城市发展的角度讲，房价畸高是该城市生产、生活、生态三者之间矛盾的一个集中体现，也是阻碍"透绿见蓝"的现代化宜居环境形成的重要因素。故而，人才创新创业优质生态圈尤其重视房价水平对人才迁移的影响。

（二）医疗环境

所有人都无法摆脱"生、老、病、死"这一生命过程，而人的生、老、病、死自始至终都与医生数量、医疗水平以及医疗设施的完备程度有着千丝万缕的联系。随着社会经济的不断发展，医疗资源得到不断完善，医学技术水平不断提高，在一定程度上提高了人们的平均寿命。但是，"看病难、看病贵"仍然是人们生活中不得不去面对的现实问题。出现这个问题的原因之一是不同的区域存在医疗卫生资源配置差异。而一个地区医疗卫生资源配置情况的好坏对吸引人才、留住人才乃至发展人才，均具有重要的影响。一般而言，医疗卫生资源通常包括卫生人力、物力、财力、技术和信息等资源。[①] 在医疗环境这个二级指标下，我们侧重考虑以下几方面因素：

1. 卫生人力资源的情况

卫生人力资源是反映一个国家或地区卫生服务水平的一个重要的标志。一个拥有卫生技术人员数量多的地区对人才的生活医疗保障强度就高，在一定程度上提高了吸引人才、留住人才的概率。

---

① 程晓明：《卫生经济学》，人民卫生出版社 2004 年第 2 版，第247—279 页。

2. 医疗机构的资源情况

随着社会、经济的发展，人民群众的收入不断提高，生活质量不断改善，城市人口不断增长，人们对医疗服务水平的期望也不断提高，好医院、大医院成为人们就医的第一选择。而一个地区拥有好医院、大医院的情况在一定程度上代表了该地区的医疗卫生服务水平，是人才安居乐业所要考虑的重要因素。

3. 医疗服务水平的情况

一个地区的医疗服务水平不仅取决于其拥有的医疗卫生资源，也取决于其所处的外部环境。从横向比较的角度来看，一个地区医疗服务水平的高低一方面可以从其拥有的医疗资源判断，另一方面也要从其所处的外部比较环境来看，即一个地区与其他地区相比，其医疗服务水平处于全国什么位置或水平。

4. 医疗财政资源的情况

民生工程是民心工程，民生工程在事实上也是重要的引才工程。一个地区对医疗卫生财政投入的多寡影响了其医疗卫生资源的情况，进而影响地区医疗环境的好坏。因此，从财政角度来看，政府对医疗卫生等公共服务重视程度也是影响人才生活与发展的重要因素之一。

（三）教育环境

自有人生，便有教育。一个人的成长和发展离不开家庭教育，尤其离不开学校教育；一个地区的长远发展，其潜力大小也取决于教育服务的能力和水平。为子女提供良好的教育环境是每一个家庭的基本诉求，而人才尤其重视子女教育。人的生活始终离不开家庭，人才的生活发展亦是如此，在择业、创业的发展过程中也要面临子女上学、择校等教育问题。一个地区教育环境的好坏则在一定程度上影响人才生活发展的选择，而一个地区教育资源环境的好坏又取决于一个地区教育资源的多寡。按照办学层次区分，教育资源可分为基础教育资源和高等教育资源，在教育环境这一二级指标下，我们着重考虑地区的基础教育水平和教育资源分布，其中在教育资源方面重点考察地区基础教育的人力和财力情况：

1. 学前教育改革发展水平

随着人民群众生活水平的提高，特别是受全面两孩政策、城镇化进程加快影响，适龄幼儿急剧增加，对学前教育提出了更高要求。十八届五中全会提出"发展学前教育，鼓励普惠性幼儿园发展"，2010 年，《国务院关于当前发展学前教育的若干意见》（国发〔2010〕41号）（以下简称《若干意见》）进一步提出要"努力构建覆盖城乡、布局合理的学前教育公共服务体系"。地方学前教育改革发展水平好不好直接关系到子女学前教育水平的好坏，因此课题组将学前教育公共服务体系改革水平作为衡量内容。

2. 基础教育人力资源情况

在基础教育人力资源情况方面，重点考察 3 个方面内容：一是教育者人力资源情况，主要涉及一个地区拥有的教职工数量、年龄结构、整体素质等方面内容；二是受教育者人力资源情况，如学生在校人数等；三是教育人力资源与受教育人力资源的匹配或负荷水平。

3. 基础教育财政投入情况

主要考察地区财政对基础教育的财政支持力度。在财力允许的情况下，教育财政投入的情况，是一个地区施政团队施政理念最典型的体现。而事实上，对教育的重视，在很大程度上与对人才的重视乃一体之两面。

（四）安全环境

安全环境是免受伤害、危险或威胁的状态，是一种有序的、稳定的状态。党的十八大报告指出了全面建成小康社会和全面深化改革开放的伟大目标，将满足人民群众日益增长的安全需求作为保障民生、深化社会建设的重要方面，专门指出要"深化平安建设，完善立体化社会治安防控体系，强化司法基本保障，依法防范和惩治违法犯罪活动，保障人民生命财产安全"。在安全环境这个二级指标下，我们着重考虑社会治安环境、交通安全环境、消防安全环境和未成年人保护4个主要方面内容：

1. 社会治安环境

社会治安环境主要从社会秩序是否受到违法犯罪情况影响方面进行评估。中国自古就有"国泰民安"的概念，社会安全，人民才能安居乐业。治安良好，不仅体现了一个区域的治理能力，也为居民生活提供极其重要的一项保障。

2. 交通安全环境

交通安全环境主要从交通秩序是否井然，交通违法行为、交通事故对交通秩序的影响等方面进行评估。拥堵是当前世界几乎所有大城市共同的烦恼，交通事故造成的人员伤亡和财产损失更是触目惊心。因此，对于现代大都市而言，能否实现交通的有序畅通，缩短居民上下班的通勤时间；能否通过优化道路、路网、信号系统，通过先进的智慧交通技术，优化交通秩序，减少交通事故，降低交通事故导致的人员与财产损失，是一个城市治理能力强弱的重要体现。而交通环境，也是现代人十分看重的因素。

3. 消防安全环境

消防安全环境主要从火灾的预防、火灾事故的影响等方面进行评估。居住集中、高楼林立、市场活跃，都是现代大城市繁荣发展的体现，但也会带来种种安全问题。伦敦高楼大火、上海高楼火灾，都给人们带来沉甸甸的警示。因此，一个区域消防能力和消防水平，不仅体现其施政团队的治理水平，对于人才创新创业也有着实质性的影响。

4. 未成年人保护

未成年人保护主要从未成年人保护体制机制的完善和保护效果等方面开展评估。未成年人是祖国的花朵，民族的未来，对未成年人的态度，集中体现出一个城市的文明程度。尤其是在现代风险社会下，凡是存在有效政府的国家，无不重视对未成年人的保护。而作为社会的精英人士，人才对于未成年人的安全和生活情况会更加关注。

（五）交通环境

一般而言，交通环境是作用于道路交通参与者的所有外界影响与力量的总和，包括道路状况、交通设施、地物地貌、气象条件，以及其他交通参与者的交通活动。一个地区交通环境的好坏一方面会影响地区经济发展的程度，另一方面也影响人们出行的便利程度。在交通环境这个二级指标下，我们着重考虑城区的道路状况和交通基础设施情况：

1. 道路状况

道路状况的好坏直接影响人们出行的时间成本和

机会成本，课题组着重从各地区早晚高峰的通勤时间成本角度考察道路状况的好坏。

2. 交通基础设施情况

交通基础设施的好坏直接影响人们出行成本，也决定了一个区域的物流发达程度。交通便利、交通基础设施健全，则物流发达，对于人才创新创业来说，不用发愁"酒香也怕巷子深"。针对交通基础设施的考察，课题组立足"大交通"理念，对地区在轨道、高铁、机场、港口等基础设施建设方面是否形成大交通网络进行考察。

（六）行政服务

政务服务水平的高低，关系着人民群众的根本利益。对于人才创新发展来讲，地方政府在服务创业、提供创业就业服务的水平在很大程度上影响了人才发展的选择。在行政服务这个一、二级指标下，我们着重考虑地方政府行政服务效率情况和行政服务透明度两个方面：

1. 行政服务效率

针对行政服务效率，课题组从创新创业和人才落户两个方面对地方政府公共服务办结效率、服务态度、信息公开程度等方面进行考察。在这个方面，课题组借鉴了现有对行政服务效率评估的其他研究成果，将理想的行政服务效率设定为100分，然后按照科学设计的指标进行衡量。

2. 行政服务透明度

阳光是最好的防腐剂，透明是最好的信任源。行政透明度也是衡量行政服务的重要体现，透明度彰显着一个区域施政团队的理念和治理水平，是现代行政最重要的特征之一。课题组着重从政府网站公开透明性和各地区数据公开程度两个方面进行考察。

三 人才发展环境

（一）经济水平

经济水平是一个地区发展程度的核心指标。具有较高经济水平的地方，城市发展一般具有较为雄厚的物质基础，人民群众物质文化生活水平较高，对于人才创新创业而言，就意味着有更好的物质条件、人力资源等，自然在招才引才上就有着更大的吸引力。在这一方面，我们主要考察以下几方面：

1. 经济发展质量

转变经济发展方式，提高经济发展质量，是中国近现代的重要发展主题。经过几十年的高速增长，中国经济发展已经进入高质量发展阶段。发展方式转变、经济结构优化、增长动力转换都处于至关重要的攻坚期。党的十九大报告中也指出中国正向高质量发展方式转变，其核心是"转变发展方式，实现集约型经济增长，提高全要素生产率"。而经济发展质量越高的城市，其在生产组织、要素利用等方面具备明显的优势，产业形态更加高级，占据产业链层次更高端，对人才需求与渴望也更加强烈，人才的优势与作用也能得到充分展现。

2. 居民收入水平

城市居民的富足安康，是社会稳定的基石，也是社会发展状态良好的重要表现。居民收入高的地区经济发展水平也较高，消费能力较强，生活配套设施齐全，对人才具有较强的吸引力。

3. 投资潜力

投资潜力概指城区投资环境营造与投资机会的发掘，其蕴含比较丰富的意义，从供给侧讲，包括城区财富资本配置实力、人力资本可配置基础以及生产资本的建设力度，从需求侧看包括城区的市场需求大小与潜力。投资潜力大的城区，创业创新空间大，对人才吸引力强。在这个指标上，人才创新创业优质生态圈指标体系也充分借鉴了现有的其他研究成果。

4. 综合发展实力

从综合性角度对各城区展开评估，既有经济发展实力的展现，也有民生改善的总体情况的评估，如城区的企业产出能力、政府的财政实力、政府民生保障能力等多方面综合情况。在这个方面，学术界和实践部门也已经有一些值得参考的成果，如中小城市经济发展委员会、中小城市发展战略研究院联合中国社会科学院城市发展与环境研究所等单位组成课题组，自2005年起连续13年对中小城市科学发展指数进行了系统研究，2017年10月该课题组研究发布了《2017年中国中小城市科学发展指数研究成果》。

（二）市场发育

市场发育是指相对于发生交易的具体市场（如商品市场、资本市场、劳力市场等等），各种交易关系的形成和发展的过程和水平。市场发育是社会分工和交换的产物，并与商品经济紧密相连。[①] 市场的发育程度对人才的吸引力不言而喻，同时也是人才发展和创新活动的一个基础条件。某种程度上说，当市场提出某种需要时，会比行政命令更有效地推动相关领域创新和发展，而某种创新成果出现之后，一个高度发育的市场更有可能将创新知识变为可以利用的技术和盈利模式。因此，在一定意义上说，地方对人才的竞争很大程度上受到市场发育水平和程度的影响。从理论上说，对市场发育水平和程度的衡量，可以从多个角度

[①] 刘志雄：《市场发育与市场化：一种认识误区辨析》，《求索》2008年第5期。

切入，鉴于本评估的基本目的，考虑到对人才的吸引力和对创新活动的驱动力，重点从如下方面入手设计评估指标：

1. 地区国民生产总值

地区国民生产总值是指本地区按市场价格计算的所有常住单位在一定时期内生产活动的最终成果。地区生产总值是衡量地方经济状况的最佳指标之一，对反映地区的经济发展状态、国民收入和消费能力的情况有独特的作用，[①] 因此，地方国民生产总值可以作为衡量一个地方经济活动、交易关系的重要指标。而且我国地方国民生产总值的统计口径、统计方式和报送方式逐步实现了规范化和制度化，采用该指标便于不同地区之间进行横向比较。

2. 知识产权保护

知识产权保护是优化市场发育水平的重要内容。知识产权保护有利于促进人们从事科技研究和文艺创作，保护人才的智力成果，促进创新。同时，知识产权保护对于打击假冒伪劣产品、保护企业的利益具有重要意义。但是，我们仍面临知识产权大而不强、多而不优、保护不够严格、侵权易发多发、影响创新创业热情等问题，亟待研究解决。因此，各个城区对知

---

① 王健：《地区生产总值影响因素探究》，《统计科学与实践》2015 年第 9 期。

识产权保护的重视程度是我们对其市场发育是否优良进行判断的重要方面。

3. 产品质量提升情况

产品质量是企业的生命也是灵魂，任何一个长盛不衰的企业，必然是产品质量过硬，服务水平高。城区企业的产品质量的整体水平，也是城市的名片。为贯彻落实国务院颁布的《质量发展纲要（2011—2020年)》关于"广泛开展质量强省（区、市）活动"和实施"地区间质量对比提升"的要求，国家质检总局专门开展创建"全国质量强市示范城市"活动，对区域间产品质量情况进行比较，推动各级地方政府从强化法治、落实责任、加强教育、增强全社会质量意识入手，提升质量总体水平，充分发挥质量在服务区域经济发展等方面的重要作用，促进经济又好又快发展，推动建设质量强国。因此，完善的质量公共服务体系、健全的质量监管体系，推动城市综合质量水平不断提升，是评估经济发展质量、市场发育的重要方面。

4. 市场主体活力

市场主体是市场交易活动中主要参与者。激发市场主体活力，是中国经济可持续发展的关键因素。党的十八大以来，中国在深化改革上取得重大突破，激发市场主体活力是全面深化改革的一个重要方面。近几年，全面深化改革的各项举措为市场主体带来一系列综合效应，激发了活力，增强了动力，为各类市场主体办事、创业提供了便利，支撑了经济社会持续健康发展。但我们也要清醒地认识到，全面深化改革激发市场主体活力的成效还是初步的、浅层次的，与市场主体发展要求相比，依然存在较大差距。一些政府部门仍然管了很多不该管的事，企业投资经营和群众创业创新仍然深受显性或隐性准入壁垒之苦、行政许可和变相审批之累。公共服务存在不少薄弱环节，一些部门和单位办事手续烦琐、随意性大，群众和企业满意度有待提高。因此，我们在对各城区的市场发育进行考评时，对其市场主体的市场活力与创造力展开分析，作为衡量该城区市场发育的重要指标，也可用来衡量城区人才参与市场活动的活跃程度。

（三）制度支持

制度是大家共同遵守的办事规程或行动准则。人才工作的实效取决于体制机制的完善程度。人才工作健康可持续发展，必须尊重人才资源开发规律、坚持人才市场配置，建立充满生机与活力的人才支持制度。为此，我们从人才工作措施是否扎实、人才工作体制机制是否完善、资金支持力度情况以及政策宣传、人才生活保障、人才发展平台建设等角度展开评估，具体包括以下几方面内容。

1. 人才工作措施扎实程度

年度人才工作要点是政府部门对该年度人才工作的整体部署，反映政府部门重视人才工作的程度，本指标侧重于考察政府部门是否将人才工作视为一件相对独立且重要的政府工作，以此衡量政府对人才的重视程度，具体评估：是否有专门的年度人才工作要点报告以及工作要点报告主体内容和主要工作措施是否翔实明确；政府工作报告、人才、财务与组织部门的工作规划要点是否翔实明确等。

2. 人才工作体制机制健全情况

人才工作体制机制对于人才队伍建设具有重要作用。健全的体制机制是吸引人才、培养人才、留住人才的重要保障，有助于释放各类人才的创新创造活力。本指标考察地方政府建立人才体制机制的整体情况，考察地方政府是否对人才工作建立比较健全的体制机制。本指标主要从人才工作领导小组建设情况、人才发展专项基金管理制度设立情况、人才工作目标考核责任制建设情况、大学青年人才培育计划设置情况等方面进行考察，具体包括以下几方面内容：

（1）是否成立了人才工作领导小组；领导小组人员构成和具体职责是什么。（2）是否有专门人才发展专项基金管理制度；区财政每年安排多少专项资金用于产业人才发展。（3）是否落实人才工作"一把手"

负责制，实行人才工作目标责任考核。（4）是否有专门面向大学青年的人才培育计划，以及人才项目孵化培育、场地补贴、资金跟投等一系列人才发展服务，充分释放青年人才红利。（5）是否形成人才创新部门牵头培育的服务培育格局或模式，跟踪培育和支持人才发展服务力度；是否有领导干部联系高层次人才机制；是否建立镇街领导干部联系产业人才机制；是否建立健全重点产业人才项目协调服务机制；等等。

3. 资金支持的情况

资金投入是确保人才工作能够有效开展的必要条件，也是吸引高科技人才的重要考虑因素。

4. 人才工作宣传力度

人才工作不仅需要真抓实干，而且还需要通过宣传广而告之，否则无法最大限度地吸引人才，宣传工作也是人才工作的一部分。人才工作宣传有助于营造"尊重劳动、尊重知识、尊重人才、尊重创造"的良好氛围，有助于向公众传达人才政策，提升对人才的吸引力和号召力。本指标主要从人才工作传播渠道、内容信息、传播效果等方面进行考察。

（1）传播渠道：是否通过线上线下传播人才工作；是否设立专门的官方新媒体平台；宣传平台的等级；是否在报纸、电视台、网站、微信等传统媒体和新媒体发布政策申报信息和活动资讯；是否制作海报、动画光碟、宣传单和申报指南等宣传品；等等。

（2）内容信息：内容是否原创；内容媒介是否包含图片、视频等多种形式；等等。

（3）传播效果：网络是否可检索到人才工作宣传内容；公众对一个区域人才措施能否便利地获取或了解，不仅体现该区域的行政服务水平，也是吸引人才的一个重要因素。

值得指出的是，各被评估区域对此次人才创新创业优质生态圈评估的反馈情况，也是我们在评估中适当考量的因素。在评估中，为了确保评估所依据的数据的准确性，课题组分别向北京、上海、广州、深圳、杭州5市市委组织部以及相关25个区的区委组织部快递了请求对评估工作予以协助的函。

5. 高层次人才的生活保障制度

医疗、住房、教育质量是衡量人民安居乐业的重要因素，也是吸引人才就业、定居、投资的重要方面。因此，地方政府是否设立了针对人才的医疗、住房、教育保障政策是该地区人才生态的重要衡量指标。具体内容包括：是否有持卡享受政务绿色通道、医疗绿色通道、优先安排子女教育、人才入户绿色通道、出入境便利、配偶优先推荐就业岗位、培训提升等福利待遇保障制度；是否组织实施人才服务保障制度等。

6. 人才落户改革情况

中国的户籍制度对医疗、购房、子女就学等方面都有不同影响，而这些因素会影响人才的就业、定居、投资的取向，因此地方政府是否拥有相配套的便捷人才落户措施会影响当地人才生态的整体评估。具体包括：（1）落户便捷度：针对高层人才落户的途径有哪些及是否便捷；高层次人才落户政策办理所需准备材料数量及获得的难易程度；高层次人才落户政策办理程序；等等。（2）落户普惠度：是否有针对高层次人才的专门落户绿色通道；是否可申领本市人才绿卡；等等。

7. 人才工作开放度

人才工作的开放度主要是指人才政策、人才工作相关文件等获取的难易程度，人才工作主管部门对公众咨询人才工作、申请人才工作信息资料的回应效率以及回应的有效程度。

（四）人才培养

人才培养，主要考察城区人才队伍的质量、结构和发展潜力等基本情况，是反映当地人才队伍状况的核心指标。

1. 后备人才情况

后备人才的储备程度直接关系到当地未来人才队伍的走势，后备人才也是重要的劳动力资源，因此，人才创新创业必须要考虑当地劳动力的素质、数量等情况。

2. 技能人才情况

技能人才在推进技术革新、推动企业发展、促进产业升级方面的作用日益凸显。在大力倡导提升企业自主创新能力，建设创新型国家的时代背景之下，培育技能人才被视为提升中国国家竞争力的战略举措。因此，技能人才的规模、质量和培育情况直接影响当地的创新与创业。

（五）平台建设

人才需要平台，平台需要人才。一流的平台，才能聚集一流的人才。一流的人才成就一番事业，也需要良好的平台，就像好演员需要好舞台一样，平台是人才发挥才能重要的场所。为此，我们从科技企业孵化器、众创空间以及特色平台建设方面展开评估。

1. 科技企业孵化情况

科技企业孵化器是培育和扶植高新技术中小企业的服务机构。孵化器通过为新创办的科技型中小企业提供物理空间和基础设施，提供一系列服务支持，降低创业者的创业风险和创业成本，提高创业成功率，促进科技成果转化，帮助和支持科技型中小企业成长与发展，培养成功的企业和企业家。它对推动高新技术产业发展，完善国家和区域创新体系，繁荣经济，

发挥着重要的作用,具有重大的社会经济意义。自
2010 年国家科技部发布《科技企业孵化器认定和管理
办法》以来,在 2012 年到 2017 年评选认定了 6 批国
家级科技企业孵化器,2012 年认定了 55 家,2013 年
认定了 69 家,2014 年认定了 104 家,2015 年认定了
133 家,2016 年认定了 129 家,2017 年认定了 125 家。
这些国家级科技企业孵化器成为各路精英人才成就事
业的重要平台。因此,科技企业孵化器对人才创新创
业具有风向标作用。

2. 众创空间

众创空间是顺应创新 2.0 时代用户创新、开放创
新、协同创新、大众创新趋势,把握全球创客浪潮兴
起的机遇,根据互联网及其应用深入发展、知识社会
创新 2.0 环境下的创新创业特点和需求,通过市场化
机制、专业化服务和资本化途径构建的低成本、便利
化、全要素、开放式的新型创业公共服务平台的统称。
顺应创新 2.0 时代推动大众创业、万众创新的形势,
构建面向人人的"众创空间"等创业服务平台,对于
激发亿万群众创造活力,培育包括大学生在内的各类
青年创新人才和创新团队,带动扩大就业,打造经济
发展新的"发动机",具有重要意义。

3. 特色平台建设情况

很多城区都出台了推动该区人才发展和人才与经

济社会深度融合的特设平台。特设平台建设有助于将评估对象辖区内特色资源与专门人才培养相结合，鼓励人才创新发展。本指标评估的内容包括：是否有特色人才平台；是否成立了非营利性、开放性人才发展平台或联合体；等等。

4. 举办人才国际会议情况

举办国际峰会有利于人才交流和吸引人才，是地区人才工作的重要措施，因此课题组将本指标纳入指标体系进行评估。具体内容包括：是否为人才交流举办国际性的人才峰会、举办国际会议的数量以及此类国际会议是否为例行常规性会议。

5. 人才市场发展情况

人才市场发展情况既反映了当地劳动力供求关系状况，又反映了相关制度的建设情况，因此也是考察人才创新优质生态圈的重要指标。

6. 创业投资金额

地区创业投资金额体现了资本对该地区企业的发展前景的认可程度，而获得创业支持资金的可能性也是吸引人才的重要方面。

（六）创新活力

创新是社会发展的重要源泉，创新活力越高，地区发展越有活力，越能获得更多的发展机会。为此，本评估从当地的专利申请和授权情况，研发经费的投入、高新企业发展等方面展开评估。

1. 专利申请和授权情况

专利申请量指专利机构受理技术发明申请专利的数量，是发明专利申请量、实用新型专利申请量和外观设计专利申请量之和，反映技术发展活动是否活跃，以及发明人是否有谋求专利保护的积极性。专利申请数量越多，表示一个社会的创新程度越高，社会就越有活力。专利授权数是指报告年度由专利行政部门对专利申请无异议或经审查异议不成立的，做出授予专利权决定，发给专利证书，并将有关事项予以登记和公告的专利数。专利授权数是衡量创新活动中知识产出水平的一个通用指标，是知识性成果的一种直接反映。

2. 研发经费情况

研究与试验发展（R&D）活动指在科学技术领域，为增加知识总量，以及运用这些知识去创造新的应用而进行的系统的创造性的活动，包括基础研究、应用研究、试验发展三类活动。R&D 研发经费规模、强度、分类及流向等情况直接反映当地创造性活动的规模和质量。

3. 高新技术企业发展情况

现行《高新技术企业认定管理办法》规定，在《国家重点支持的高新技术领域》内，持续进行研究开发与技术成果转化，形成企业核心自主知识产权，并以此为基础开展经营活动，在中国内地注册的居民企业。从实践中看，高新技术企业相比其他企业而言，拥有大量核心自主知识产权，创新能力强，成长性高，可以有效带动传统产业转型升级，引领新兴产业发展壮大，高效解决供需结构错配问题，实现经济长期可持续增长。[①] 高新技术企业是人才天然聚集的载体，因此，高新技术企业发展情况是评估人才创新创业生态圈的重要方面。

4. 规模以上工业企业情况

规模以上工业企业是区域经济发展最重要的支撑，规模以上工业企业产值是一个区域经济实力和综合竞争力的重要体现，一定程度上反映了人才培养的物质条件以及人才技术创新的可投入能力。随着企业发展壮大，其资本与人才资源配置能力不断增大，具备整合更多的人力物力投入企业新产品开发的能力。

[①] 常菁等：《高新技术企业在供给侧改革中的作用与政策建议》，《现代商贸工业》2017 年第 18 期。

第三章 评估情况与分析

在人才创新创业优质生态圈评估指标体系确定之后，按照一般评估方法，课题组确定了开展评估的基本工作流程。首先，数据采集小组通过官方公开出版的统计年鉴、年鉴等数据源渠道采集了 25 个区的基础数据，并以"函"的形式征求各区委组织部意见，进一步提高数据的真实性和完整性。其次，针对制度设计等需定量和定性相结合的评估内容，课题组先通过各区相关官方网站就人才工作的相关政策法规、公共服务、办事指南等进行查询，然后同时对每区一个政务服务中心和一个随机抽取的派出所进行电话调研，核实确认相关内容的真实性。接着，根据已核实的基础数据与电话调研资料内容，课题组按照指标计算公式进行了指标数据处理，并采用客观评估方法对 25 个区的人才创新创业优质生态圈进行了全方位评估，得出了初步结论。最后，根据对其中 20 个区的政务服务中心和每区一个随机抽取的派出所实地调研情况，课题组又对相关指标数据和内容进行了微调和校正，得出了最终评估结果。

一 评估总体情况

（一）25 个城区概况分析

北京、上海、广州、深圳和杭州作为中国经济发展的桥头堡、领头羊，在政治、经济等社会活动中都处于重要地位，对推动区域经济与社会发展起到了辐射带动的作用。数据统计显示，2016 年，北京、上海、广州、深圳和杭州 5 个城市的人均 GDP 均超过了11 万元，是人均国内生产总值的 2 倍。[①] 在一线城市中，经济社会发展水平较高的县、市、区，在推动城市经济与社会发展的过程中更是起到引领带动的作用，尤其是在教育、医疗卫生、交通出行等方面占据更多的资源和优势。

在北京、上海、广州、深圳和杭州所辖县、市、区中，GDP 排在前 5 名的城区无疑是推动该城市发展的主要力量。数据统计显示，在一线城市所辖市区中，GDP 前 5 名区的 GDP 总量占城市 GDP 总量的比重均超

---

① 根据《中国统计年鉴 2017》数据统计资料显示，2016 年人均国内生产总值为 5.398 万元。

过 50%，其中北京、广州和深圳一线城区的 GDP 总量占比均超过 60%，深圳一线城区占比高达 79.83%，如图 1 所示。进一步从人均 GDP 来看，25 个一线城区的人均 GDP 的平均水平超过 18 万元，是一线城市人均 GDP 平均水平的 1.64 倍。

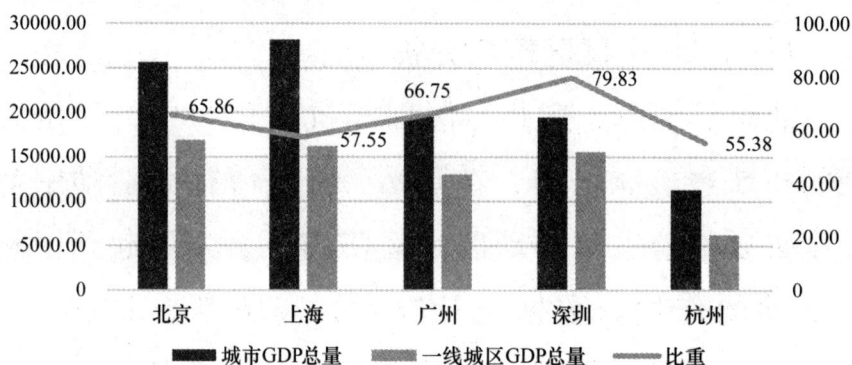

图 1　被评估一线城市与一线城区经济发展情况（亿元，%）

此外，一线城区在医疗、教育、科技发展等方面资源更加丰富。数据统计显示，一线城区三甲医院数量合计高达 145 家，平均每万人拥有 4 家三甲医院（部分城区万人拥有三甲医院数量高达十几家，比如北京西城区、东城区等），平均每万人拥有医疗床位和医疗卫生技术人员数分别高达 81.62 张、138.55 人。在教育资源方面，一线城区拥有高等学校数量合计 171 家（含分校）；在人才发展平台方面，25 个区拥有国家级众创空间合计 199 个，拥有国家级科技企业孵化器共 37 个，专利申请量平均 17189 件，专利授权量平均 9114 件。

（二）评估结果情况

首先必须强调的是，本次评估的 25 个区，基本属于中国北京、上海、广州、深圳、杭州 5 个重要城市中最发达的城区，可以称之为一线城市一线城区。参与本次评估的都属于中国最好的城区，从而使得本次评估有"优中评优"的特点。这就意味着，即便在本次评估中得分不高或者结果不好的，也仍然可能是人才工作做得比较好的区，或者人才创新创业优质生态圈发展比较好的区。只不过，比起表现更好的区，在某些方面还有提升空间。

鉴于 25 区的数据覆盖率平均超过 90%，最高接近100%，数据采集情况较好，本次评估采用极值化法对数据进行标准化（无量纲化）处理，评估结果主要反映某地区在所评估对象序列中的相对位置。这种方法不涉及人为设定区间，较大程度上保留了原始数据刻画的客观性，从数量关系的角度客观描述了不同地区在某一领域的区间位置关系，特别适合包含不同性质指标的综合评估，与"人才创新创业优质生态圈"的评估理念和需求十分契合。"人才创新创业生态圈"以人才创新创业所需条件全方位、系统化地达成优质均衡为价值追求，如经济发展的硬件条件与软件条件相协调、经济基础与社会结构相协调、经济社会发展与政府治理相协调等。评估中，各指标的标准化结果（得分）越均衡，整体得分才能越高，而一旦各指标的标准化结果失衡，则整体得分会受到较大影响。

当然，在某些具体二级指标上，由于某些区党务政务公开工作不够好，导致课题组收集基础数据存在困难，并且人才工作公开度也不够好，在课题组致函请求协助时，未通过回函对我们所收集的基础数据进行反馈、补充或者修正，也可能会使部分结果出现不可避免的误差。这些都在合理范围，也是可以理解的。

评估结果显示：深圳南山区人才创新创业优质生态圈质量最好，位居一线城区之首；上海静安区则相对有较大的提升空间，排位较不理想。从各区所属城市的平均水平及差异水平来看，一线城区的人才创新创业优质生态圈又呈现出不同的特点。

1. 人才创新创业优质生态圈的领跑者：深圳南山区、北京海淀区与广州番禺区人才创新创业优质生态圈领跑一线城区

深圳南山区人才创新创业优质生态圈评估得分最高，位居一线城区榜首，北京海淀区、广州番禺区、上海浦东新区和广州天河区分列第 2 位、第 3 位、第 4 位、第 5 位。上海静安区人才创新创业优质生态圈评估得分最低，在一线城区中暂居末位，广州白云区、深圳宝安区、杭州西湖区依次分别位居第 22 位、第 23

位、第 24 位，也有较大提升空间。

从 25 个一线城区人才创新创业优质生态圈平均水平的分布来看，深圳南山区、北京海淀区等 12 个区的人才创新创业优质生态圈水平高于平均水平，杭州上城区、上海杨浦区、上海闵行区等 13 个区的人才创新创业优质生态圈水平低于平均水平，具体情况如图 2 所示。

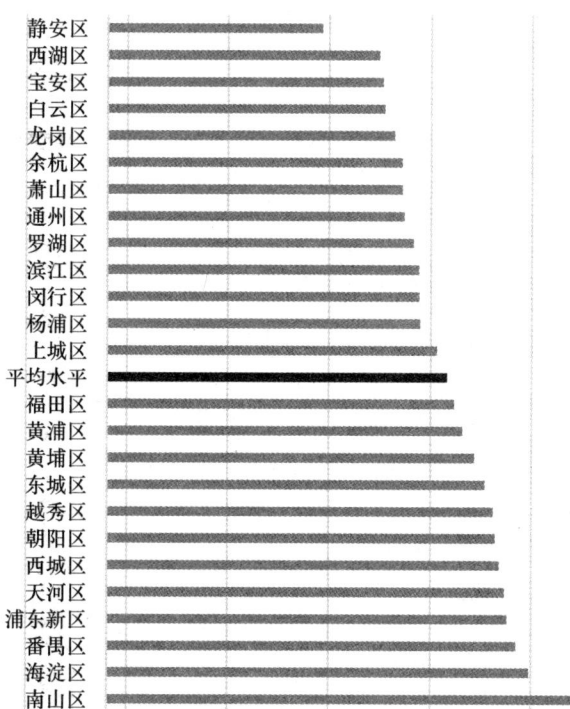

图 2　人才创新创业优质生态圈评估得分排名

2. 北京、上海、广州、深圳、杭州人才创新创业优质生态圈平均水平与排名

根据 25 个一线城区所属城市，分别对北京、上海、广州、深圳和杭州的城区平均水平和城区间的差

异水平进行了分析。用城市所辖城区的人才创新创业优质生态圈评估得分平均值衡量城市的平均水平，用城市所辖城区的人才创新创业优质生态圈评估得分的标准差衡量城市内城区间的差异化水平。

评估结果显示，一线城市的人才创新创业优质生态圈平均水平北京最高，依次分别是广州、深圳、上海和杭州。从城区平均水平分布来看，北京、广州两个城市所辖城区的平均水平高于 25 个一线城区的平均水平；深圳、上海和杭州 3 个城市所辖城区的平均水平低于 25 个一线城区的平均水平。从市内的城区差异水平来看，杭州所辖 5 个区的人才创新创业优质生态圈水平差异最小，城区人才创新创业优质生态圈评估得分标准差只有 2.13，深圳和上海人才创新创业优质生态圈水平差异较大，均高于 25 个区的差异水平 5.89，具体如图 3 所示。

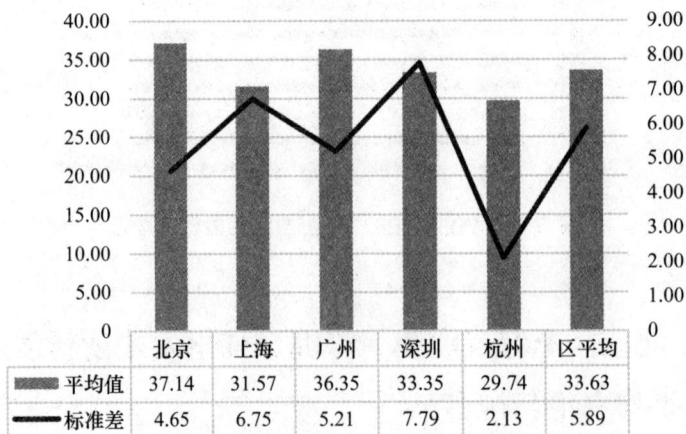

	北京	上海	广州	深圳	杭州	区平均
平均值	37.14	31.57	36.35	33.35	29.74	33.63
标准差	4.65	6.75	5.21	7.79	2.13	5.89

图 3　北上广深杭 5 市城区人才创新创业优质生态圈评估

平均得分与差异水平比较（分）

结合一线城市的人才创新创业优质生态圈平均水平和城区差异来分析，各城市人才创新创业优质生态圈呈现出不同的特点。

北京所辖 5 个区的人才创新创业优质生态圈平均水平最高，但是城区间水平差异明显；杭州所辖 5 个区的人才创新创业优质生态圈平均得分排在末位，低于一线城区平均水平，但是代表内部差异化水平的标准差最小，呈现出"平均水平低，城区差异小"的特点；广州所辖 5 个区的人才创新创业优质生态圈平均得分虽高于一线城区平均水平，排名第二，但城区间水平差异较大，呈现出"高水平，大差异"的特点；而深圳所辖 5 个区的人才创新创业优质生态圈平均得分接近一线城区的平均水平，但城区间的水平差异相对最大，呈现"中水平，大差异"特点。

3. 北京、上海、广州、深圳、杭州各市评估结果概况

本部分以 25 个一线城区所属城市作为分析维度，分别对北京、上海、广州、深圳和杭州 5 个市所辖城区的人才创新创业优质生态圈进行了城市内排名并分析，可以得出一些更加具体的发现。

（1）北京 5 区市内排名情况

评估结果显示，海淀区是北京人才创新创业优质生态圈水平最好的一线城区，通州区人才创新创业优质生态圈水平有较大提升空间。从市内平均水平来看，

海淀区、朝阳区、东城区、西城区人才创新创业优质
生态圈水平高于北京一线城区平均水平，通州区低于
北京一线城区平均水平，具体如图 4 所示。

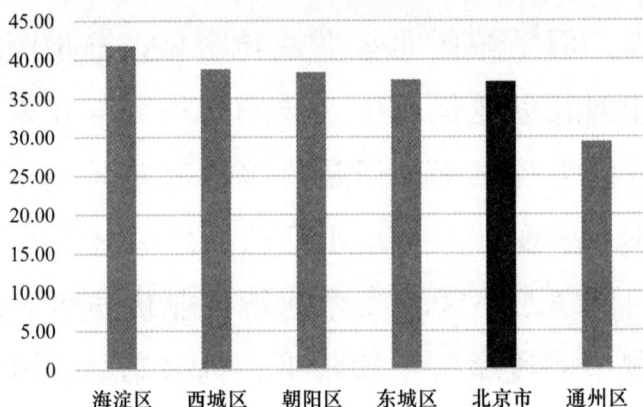

图 4　北京 5 区人才创新创业优质生态圈评估得分排名情况（分）

从人才创新创业优质生态圈评估分项领域分析来
看，不同城区人才创新创业优质生态圈特点差异明显。
海淀区人才创新创业优质生态圈较好，呈现"人才
发展软环境好，但生活服务便利性弱"的特点。海淀区
人才发展环境领跑一线城区，但是在人才生活环境方面
明显落后于其他地区。海淀区人才发展环境总体水平位
居一线城区第 2 位，在市场发育和人才创新活力等方面
均位居一线城区第 2 位，人才培养也居第 4 位，明显高
于北京其他区水平，如图 5 所示。

资料统计显示，2016 年海淀区入选国家知识产权
强县工程示范区和全国质量强区示范城区。在人才培

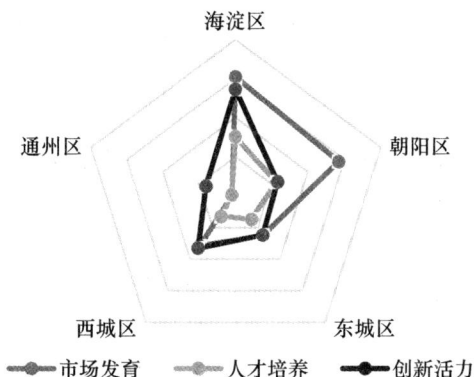

图5　海淀区与北京其他区人才发展环境优势比较

养方面，海淀区内拥有高等院校数量高达 27 所，是一线城区拥有高等院校最多的地区；在创新活力方面，海淀区万人专利申请量和授权量分别高达 195.73 件和 97.13 件，每万人拥有国家高新技术企业 16.98 家，位居一线城区首位。但是其人才生活环境水平相对较差，排在第 22 位，尤其是在交通、教育、医疗等生活服务水平方面均排在一线城区后位，如表 3 所示。

表3　　　　　北京5区人才创新创业优质生态圈评估总体情况

市内排名	区名称	总排名	一线城区排名												
			人才生活环境						人才发展环境						
			城区排名	人居环境	医疗环境	教育环境	安全环境	交通环境	行政服务	城区排名	经济水平	市场发育	制度支持	人才培养	平台建设	创新活力
1	海淀区	2	22	19	17	17	7	25	16	2	9	4	11	3	12	2
2	朝阳区	7	13	21	5	19	18	16	2	4	12	3	13	4	3	9
3	西城区	6	7	22	4	14	4	13	23	7	3	6	9	12	19	5
4	东城区	9	4	23	3	5	6	6	10	13	5	12	18	8	5	8
5	通州区	18	12	16	9	25	9	15	3	19	25	25	2	18	18	14

　　有趣的是，海淀区中小学教育一直被认为在北京是名列前茅的，但从此次评估中却显得并不突出，在全国竟然只排到了第 17 位。课题组分析认为，这可能是由于本次评估重在强调公共服务均等化而非优质资源的集中。海淀区虽然教育优质资源集中，但可能"质优量不足"，所以在综合得分上就不够出色。

　　东城区人才生活环境水平位居一线城区前列，该区人才创新创业优质生态圈创建呈现"生活服务便利性好"的特点。如表 3 所示，东城区人才生活环境总体水平位居一线城区第 4 位，明显高于北京其他 4 区生活环境水平，尤其突出体现在医疗环境、教育环境、交通环境等方面。同时，该区的经济水平和人才平台建设也比较好，如图 6 所示。

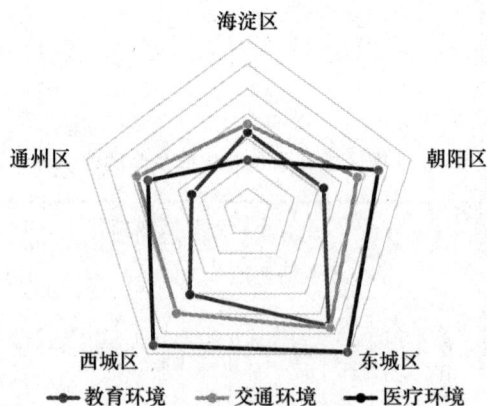

图 6　东城区与其他区人才生活环境优势比较

　　西城区情况与东城区有些类似，整体表现略高一筹。人才生活环境与人才发展环境两大一级指标均位列全国 25 区中的第 7 位，医疗和安全环境尤佳，均居全部 25 区的第 4 位，在市场发育和创新活力上表现突出，经济水平较高。

（2）上海 5 区市内排名情况

评估结果显示，浦东新区是上海人才创新创业优质生态圈创建水平最高的一线城区，静安区人才创新创业优质生态圈水平则有较大提升空间。从市内平均水平来看，浦东新区和黄浦区人才创新创业优质生态圈水平均高于上海一线城区平均水平，闵行区、杨浦区和静安区低于上海一线城区平均水平，具体如图 7 所示。

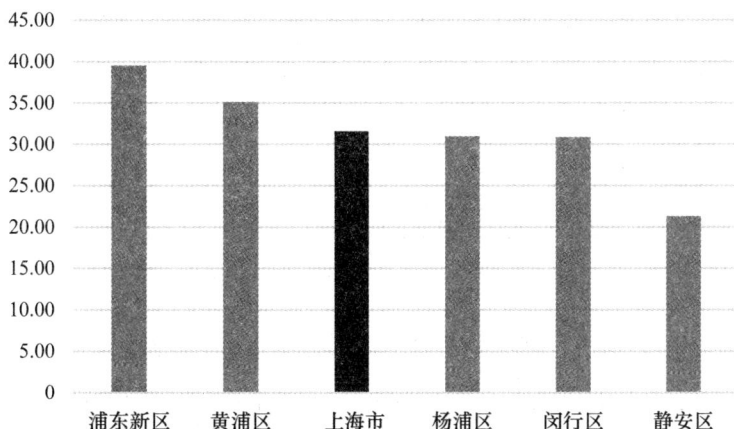

图 7 上海 5 区人才创新创业优质生态圈评估得分排名情况（分）

从人才创新创业优质生态圈评估分项领域分析来看，上海不同城区人才创新创业优质生态圈特点差异明显。

如表4所示，浦东新区在人才发展环境中具有相对的优势，在全部一线城区中排第4位，但是其人才生活环境排位相对靠后。黄浦区人才生活环境评估排名第10位，是上海一线城区人才生活环境评估得分最高的地区。总体来看，上海一线城区人才生活环境评估排名位居一线城区中下游位置。

表4　　　　　　　　　上海5区人才创新创业优质生态圈评估总体情况

市内排名	区名称	一线城区排名													
		总排名	人才生活环境						人才发展环境						
			城区排名	人居环境	医疗环境	教育环境	安全环境	交通环境	行政服务	城区排名	经济水平	市场发育	制度支持	人才培养	平台建设	创新活力
1	浦东新区	4	15	13	21	24	16	2	4	3	15	1	6	5	17	15
2	黄浦区	11	10	17	8	11	11	8	21	11	13	16	3	21	8	22
3	杨浦区	14	23	18	13	20	14	21	20	14	8	23	10	9	14	16
4	闵行区	15	21	14	22	23	12	9	13	15	22	17	4	15	11	17
5	静安区	25	24	25	14	18	8	24	25	25	17	24	25	17	7	21

从人才创新创业优质生态圈分项领域来看，虽然浦东新区人才生活环境总体水平位居一线城区中游，但其在市场发育、交通环境、行政服务和人才培养等方面位居一线城区前列，明显高于上海其他城区水平，尤其是在市场发育这个二级指标上，斩获全部一线城区第一名，如图8所示。

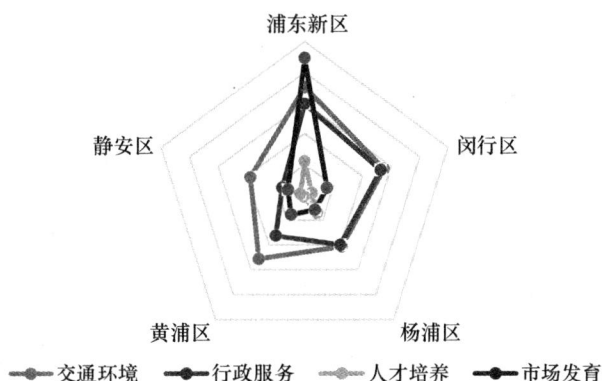

图8　浦东新区与上海其他区人才生活和发展环境优势比较

与浦东新区不同，杨浦区在人才创新创业优质生态圈评估体系中，经济水平表现良好，居一线城区第8位，黄浦区在人才制度支持方面领跑，居一线城区第3位。静安区虽然在人才创新创业优质生态圈综合评估上处于相对落后的位置，但在安全环境、平台建设上的表现令人惊艳，分别在全部一线城区中居第8位和第7位，如图9所示。

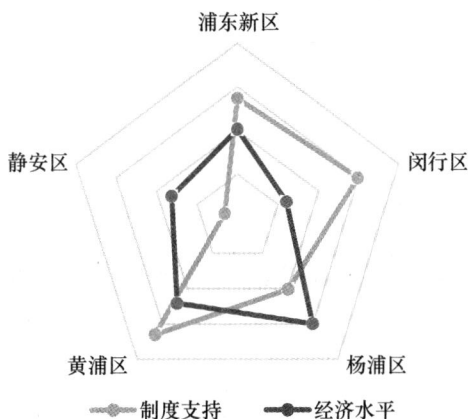

图9　上海5区制度支持和经济水平情况比较

（3）广州 5 区市内排名情况

特别需要强调的是，广州在 5 市中对本次评估最为支持。在收到课题组函件之后，广州市委组织部第一时间跟课题组取得联系，并迅速向相关城区发函督促反馈和补正数据。除黄埔区外，番禺区、天河区、越秀区、白云区均回函反馈，对课题组收集的基础数据进行核实和补正。从对课题组函件回应的及时及数据补正情况，也可以深切感受到广州市委组织部对人才工作的高度重视，以及其工作的高效和成效。

评估结果显示，番禺区是广州人才创新创业优质生态圈水平最高的一线城区，白云区人才创新创业优质生态圈水平有待提高。番禺区在 25 个一线城区人才创新创业优质生态圈评估排名中列于第 3 位、广州首位，白云区人才创新创业优质生态圈水平则提升空间较大，位居 25 个一线城区的第 22 位、广州第 5 位。从广州市内平均水平来看，番禺区、天河区和越秀区人才创新创业优质生态圈水平均高于广州一线城区平均水平，黄埔区和白云区均低于广州一线城区平均水平，具体见图 10。

从人才创新创业优质生态圈分项领域分析来看，广州不同城区人才创新创业优质生态圈特点差异明显。番禺区人才生活和发展环境总体水平领跑一线城区，人才生活环境在 25 个一线城区中位居第 1 位，人才发

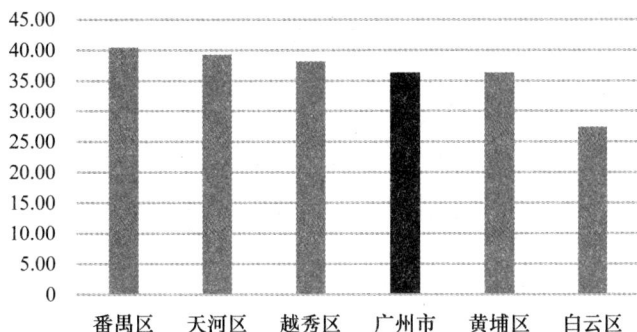

图 10　广州 5 区人才创新创业优质生态圈评估得分排名情况（分）

展环境在 25 个一线城区中位居第 8 位，明显高于广州其他城区水平，如图 11、表 5 所示。

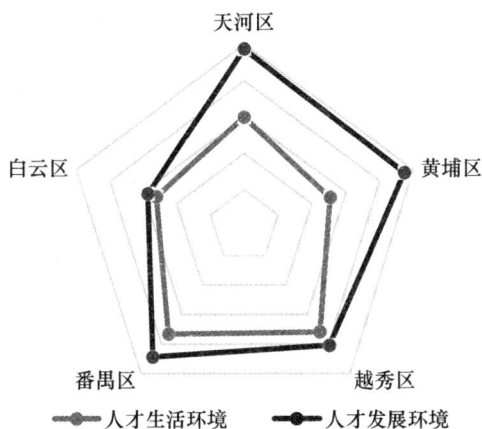

图 11　番禺区与广州其他区人才生活环境和发展环境比较

　　从人才生活环境和发展环境具体领域来看，番禺区在人居环境和教育环境方面明显高于广州其他城区，这两方面均位居一线城区榜首。整体而言，番禺区是难得的"全能型选手"，强项很强，弱项很少，房价收入比不高，学前教育发达，基础教育资源充沛，医疗卫生财政支出水平高，入选了"国家级妇幼健康优质服务示范县（市、区）"，投资潜力和综合实力极强，人才工作体制机制健全度高，重视研发和科技投入，高层次人才保障措施到位，确属"宜家宜业"的人才沃土。

表5　　　　　广州5区人才创新创业优质生态圈评估总体情况

市内排名	区名称	一线城区排名													
		总排名	人才生活环境						人才发展环境					
			城区排名	人居环境	医疗环境	教育环境	安全环境	交通环境	行政服务	城区排名	经济水平	市场发育	制度支持	人才培养	平台建设	创新活力
1	番禺区	3	1	1	6	1	15	9	8	7	18	5	22	11
2	天河区	5	9	7	10	9	10	11	11	5	2	5	17	13	2	7
3	越秀区	8	2	3	2	7	13	19	7	12	4	8	7	16	24	19
4	黄埔区	10	19	4	20	22	19	8	12	6	16	9	1	22	20	4
5	白云区	22	16	5	16	10	20	22	14	20	18	19	20	14	25	24

天河区在经济水平与平台建设方面在一线城区具有一定的优势，这两方面都占据一线城区第2位。与番禺区类似，天河区重视教育和医疗卫生投入，火灾和交通事故管控较佳，拥有较多国家级科技企业孵化器和国家级众创空间，高新技术企业多，创投资金丰裕，投资实力和综合实力都很强。越秀区在医疗条件方面优势突出，黄埔区则在制度支持上居一线城区前列，位居25区第1名，如图12所示。

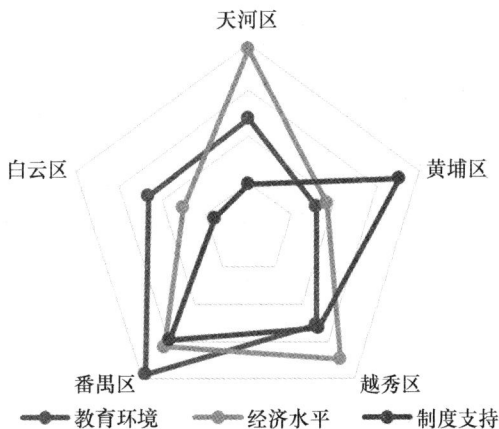

图 12　广州 5 区经济水平、教育环境和制度支持比较

　　在教育环境方面，番禺区和越秀区基础教育资源优势都非常明显，尤其是在幼儿园、小学、中学方面领跑一线城区。数据统计显示，截至 2016 年越秀区每万人幼儿园在园人数、每万人小学在校人数、每万人中学在校人数分别为 522.24 人、786.06 人、430.81 人，明显高于其他一线城区，如图 13 所示。

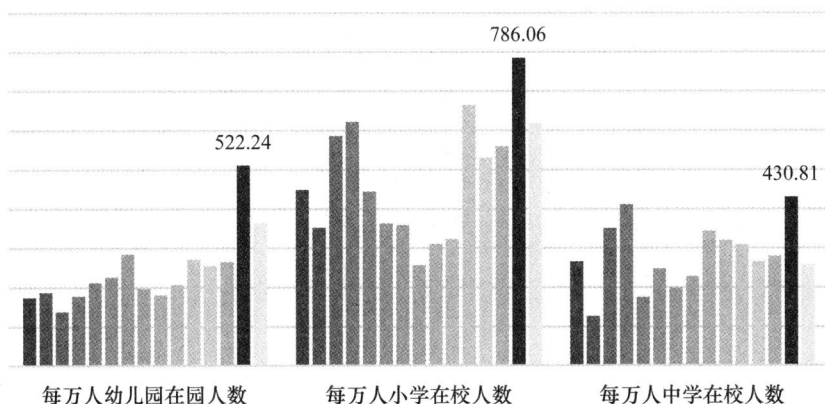

图 13　越秀区与广州其他区基础教育资源比较情况（人）

在行政服务方面，越秀区在人才政策落户、企业注册等方面办事流程手续相对比较便捷，行政效率较高。根据调研核实，广州越秀区注册登记企业承诺办结时限仅需 1 天，且办事者可不到窗口办理，大大简化了办事流程，降低了人工时间成本。

（4）深圳 5 区市内排名情况

评估结果显示，深圳南山区是所有被评估一线城区中人才创新创业优质生态圈水平最高的，居第 1 位。宝安区人才创新创业优质生态圈水平偏低，位居 25 个一线城区的第 23 位。从市内平均水平来看，只有南山区和福田区人才创新创业优质生态圈水平均高于深圳一线城区平均水平，罗湖区、龙岗区及宝安区均低于深圳一线城区平均水平，具体如图 14 所示。

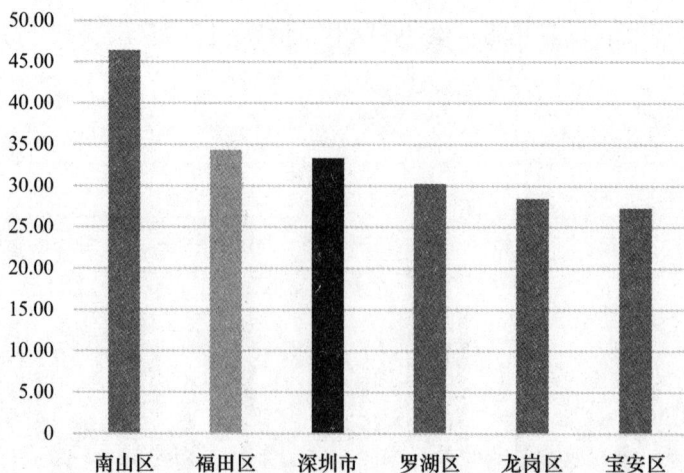

图 14　深圳 5 区人才创新创业优质生态圈评估得分排名情况（分）

从人才创新创业优质生态圈评估指标分项领域来看，南山区人才生活环境和人才发展环境方面均领跑一线城区。如表6所示，南山区人才生活环境总体水平位居一线城区第6位，其中，安全环境和交通环境水平更是领跑一线城区，位居首位。南山区人才发展环境水平也居一线城区首位，尤其是在平台建设方面优势突出，位居全部一线城区第1名，创新活力方面也居于前列。

表6　　　　　　　　　　　　深圳一线城区排名

市内排名	区名称	一线城区排名													
		总排名	人才生活环境							人才发展环境						
			城区排名	人居环境	医疗环境	教育环境	安全环境	交通环境	行政服务	城区排名	经济水平	市场发育	制度支持	人才培养	平台建设	创新活力
1	南山区	1	6	9	18	21	1	1	8	1	10	4	8	19	1	3
2	福田区	12	14	10	12	8	17	12	24	9	1	7	14	24	6	12
3	罗湖区	17	3	2	11	3	3	20	1	24	11	15	19	10	23	25
4	龙岗区	21	8	12	24	2	2	7	22	22	23	10	15	20	21	10
5	宝安区	23	11	15	23	4	5	17	17	23	24	11	16	24	16	6

与南山区不同，深圳其他城区人才创新创业优质生态圈整体表现并不突出，但是罗湖区人才生活环境整体优势突出，居一线城区的第3位，行政服务居第1位，教育环境以及安全环境居第3位，领跑一线城区，

明显高于深圳其他城区，如图 15 所示。在人居环境方面，罗湖区的空气质量、人均绿地面积均名列前茅。

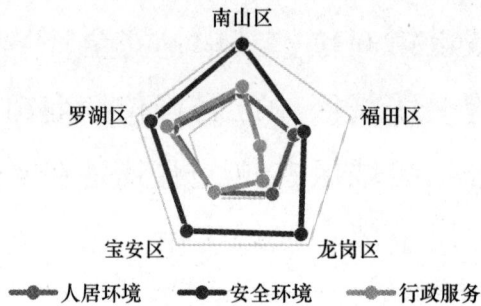

图15　罗湖区与其他区人才生活环境优势比较

（5）杭州 5 区市内排名情况

杭州传统上并不被认为是一线城市，但近年来发展势头迅猛，后劲十足，"最多跑一次改革"成效巨大，已初步显示出冲击一线城市的强大实力。因此也被作为一线城市纳入本次评估。评估结果显示，上城区是杭州人才创新创业优质生态圈水平最好的一线城区，西湖区人才创新创业优质生态圈水平偏低。上城区在 25 个一线城区人才创新创业优质生态圈评估排名中位居第 13 位、杭州首位，其中，在医疗环境与人才培养方面更是高居一线城区首位。萧山区和西湖区在人才创新创业生态圈创建上也都有可圈可点之处。萧山区人居环境指标得分位列全部一线城区第 6 名，交通环境位列第 4 名，经济水平和人才培养得分也不错，均列第 6 名；西湖区虽然整体得分不佳，但在人居环境和医疗环境上表现还比较好，分别位列第 8 名和第 7 名，看来西湖美景还是为西湖区增色不少，该区人才平台建设则表现突出，位列第 4 名，具体如图 16、表 7 所示。

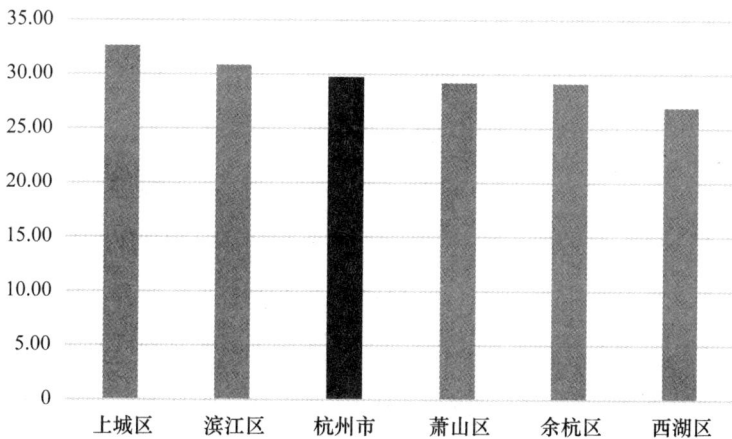

图 16　杭州 5 区人才创新创业优质生态圈评估得分排名情况（分）

从人才创新创业优质生态圈评估分项具体领域来看，滨江区创新活力方面领跑一线城区，明显优于杭州其他地区；余杭区在交通环境和行政服务上领先一线城区，分别位列第 3 名和第 6 名，人居环境和人才平台建设表现良好。特别值得关注的是，杭州由于整体经济总量规模不如北上广深 4 个一线城市，在评估中天然居于不利地位，但该市 5 个一线城区发展均衡，给人留下深刻印象。从长远来看，杭州是极富潜力的一个城市。

表7 杭州 5 区人才创新创业优质生态圈评估总体情况

市内排名	区名称	一线城区排名														
			人才生活环境						人才发展环境						
		总排名	城区排名	人居环境	医疗环境	教育环境	安全环境	交通环境	行政服务	城区排名	经济水平	市场发育	制度支持	人才培养	平台建设	创新活力
1	上城区	13	5	20	1	6	22	18	5	18	19	22	24	1	15	20
2	滨江区	16	25	24	25	15	21	14	18	10	21	21	22	2	13	1
3	萧山区	19	20	6	15	13	25	4	15	16	6	13	21	6	9	23
4	余杭区	20	18	11	19	12	24	3	6	17	14	14	12	23	10	18
5	西湖区	24	17	8	7	16	23	23	17	21	20	20	23	11	4	13

二 分项评估结果分析

本项目的人才创新创业优质生态圈评估指标体系共设 12 个二级指标，每个二级指标对应数量不等的三级指标，分别从不同的维度对各二级指标展开评估。

在排序评分时，每个二级指标分别由其三级指标加权求和得到。因此，为探索二级指标得分的三级指标来源，也就是要分析各三级指标得分占其二级指标总得分比重，即贡献度，计算办法是用三级指标得分除以其二级指标得分，其值即为该三级指标在二级指标总得分中的贡献度。得分越大，表明该指标在二级指标得分中的地位与作用越大。

（一）人居环境

1. 人居环境得分总体排名情况

人居环境指标用于评估与居住生活相关的环境条件友好程度，主要包括城市绿色空间、空气质量、城市景观、房价水平等方面指标。从评估成绩看，排名前5位的城区分别是番禺区、罗湖区、越秀区、黄埔区和白云区，排名后5位的城区分别是朝阳区、西城区、东城区、滨江区和静安区。进一步从平均得分分布来看，高于一线城区平均水平的城区有13个，低于一线城区平均水平的城区有12个，如图17所示。

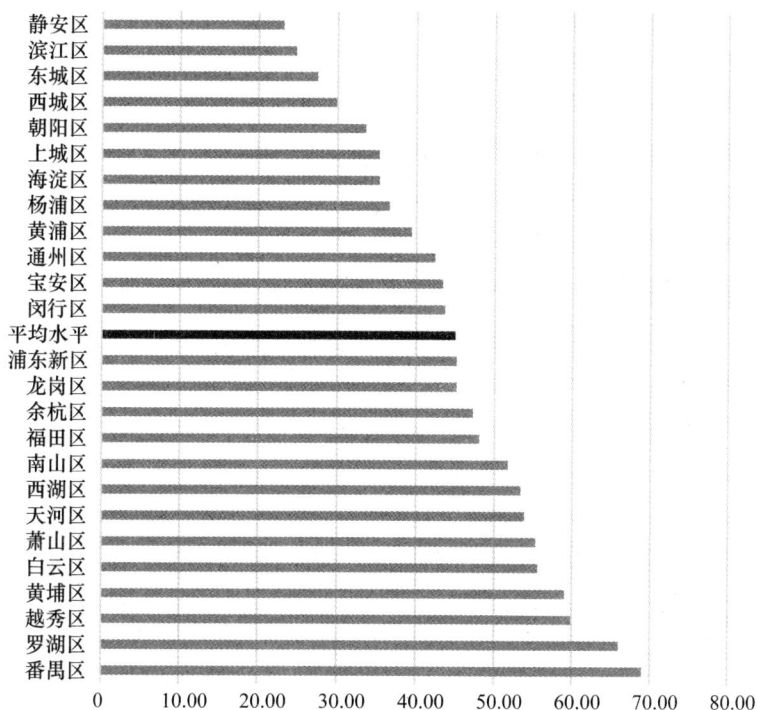

图17　一线城区人居环境评估得分（分）

2. 三级指标得分贡献

从三级指标得分贡献看二级指标得分来源，番禺区在一线城区人居环境指标得分排名第1，主要原因在于该区在房价水平上具有相对的优势，为其在人居环境排名贡献了近41.18%，其次是空气质量方面，贡献了30.86%。综合排名第2的罗湖区，其主要优势在空气质量与绿地资源方面。

（二） 医疗环境

1. 医疗环境得分总体排名情况

医疗环境指标用于描述城市医疗服务保障能力与质量，主要包括一般医疗资源、高端医疗资源、妇幼医疗资源、财政对医疗卫生的投入等方面的指标。

从评估成绩看，一线城区平均得分为36.50分，有14个城区得分高于平均水平。从得分排名看，排名靠前的城区有上城区、越秀区、东城区、西城区和朝阳区，排名靠后的城区分别为浦东新区、闵行区、宝安区、龙岗区以及滨江区，如图18所示。

2. 三级指标得分贡献

从三级指标得分贡献看二级指标得分来源，上城区在医疗环境指标得分排名第1，主要原因在于该区在一般医疗资源和高端医疗资源上均具有相对的优势。但该区在妇幼健康服务方面表现不够突出。综合排名

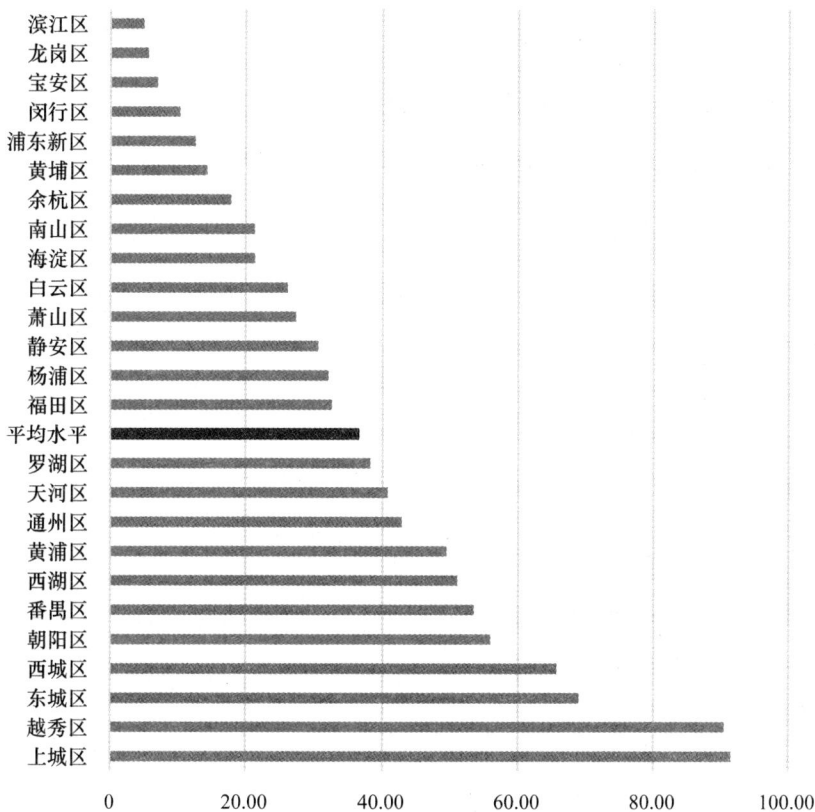

图 18　一线城区医疗环境评估得分（分）

第 2—5 名的为越秀区、东城区、西城区和朝阳区。越秀区排名靠前的原因是其在医疗卫生财政投入方面表现突出，其资金投入量占一般公共财政支出位居一线城区首位，而且该区在妇幼保健优质服务建设方面表现也不错；东城区在三甲医院数量上居一线城区首位，再加上东城区在妇幼保健优质服务建设上也表现不俗，使得其综合排名能居一线城区前列。

（三）　教育环境

1. 教育环境得分总体排名情况

教育环境指标主要用于刻画教育资源的质量、结构和配置情况，主要包括学前教育资源、义务教育资源、社会教育资源、财政对教育的投入等方面的指标。考虑到有些区虽然优质教育资源集中，但数量并不充分，普通居民可获得性不高，所以本次评估重在考核区域教育公共服务均等化情况。教育环境综合得分平均分为 42.85 分，排名靠前的城区为番禺区、龙岗区、罗湖区、宝安区以及东城区，排名靠后的城区分别为南山区、黄埔区、闵行区、浦东新区以及通州区，如图 19 所示。

2. 三级指标得分贡献

从三级指标得分贡献看二级指标得分来源，番禺区在教育环境上得分排名第 1，主要原因是其在学前教育资源配置、教育投入等方面具有相对优势，但是，该区在义务教育资源和社会教育资源方面仍有一定提升空间。排名靠后的 5 个城区总体得分偏低；但是部分城区展现一定的亮点，通州区在中小学在校师生比方面、海淀区和黄埔区在教育投入方面、白云区在学前教育方面、通州区在义务教育资源方面具有一定的相对优势。

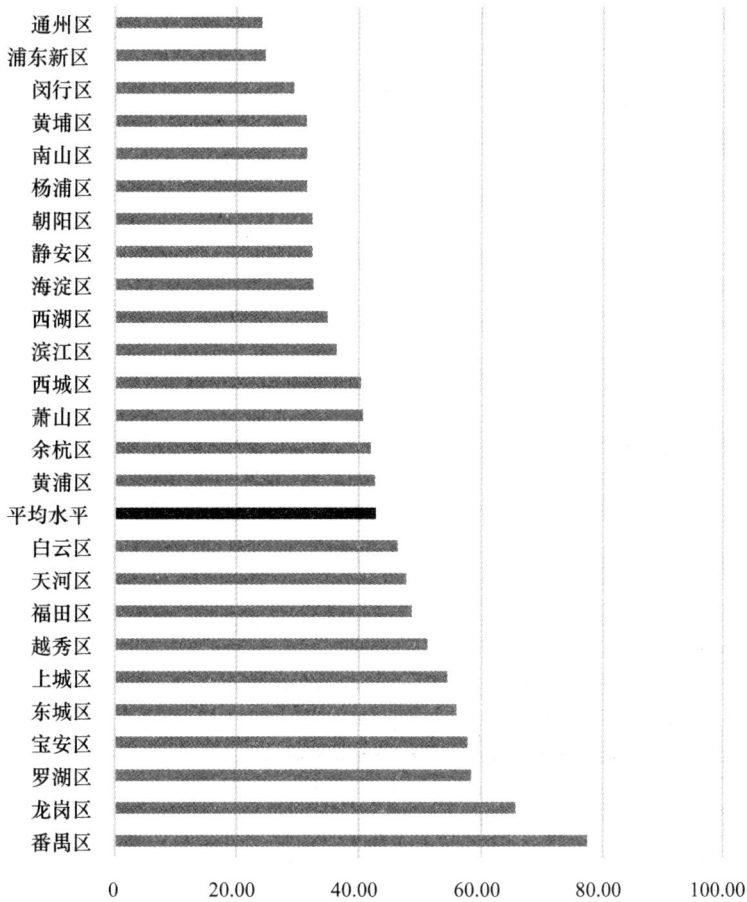

图 19　一线城区教育环境评估得分（分）

（四）安全环境

1. 安全环境得分总体排名情况

安全环境指标用于刻画城区社会秩序状况，主要包括违法犯罪情况、消防安全情况、交通安全情况以及未成年人保护情况。

从总体看，综合安全环境得分排名靠前的城区为

南山区、龙岗区、罗湖区、西城区以及宝安区，排名
靠后的城区为滨江区、上城区、西湖区、余杭区以及
萧山区。从得分看，排名靠前的城区得分较高，平均
水平高达 63.57 分，有 13 个城区超平均水平，如图 20
所示。

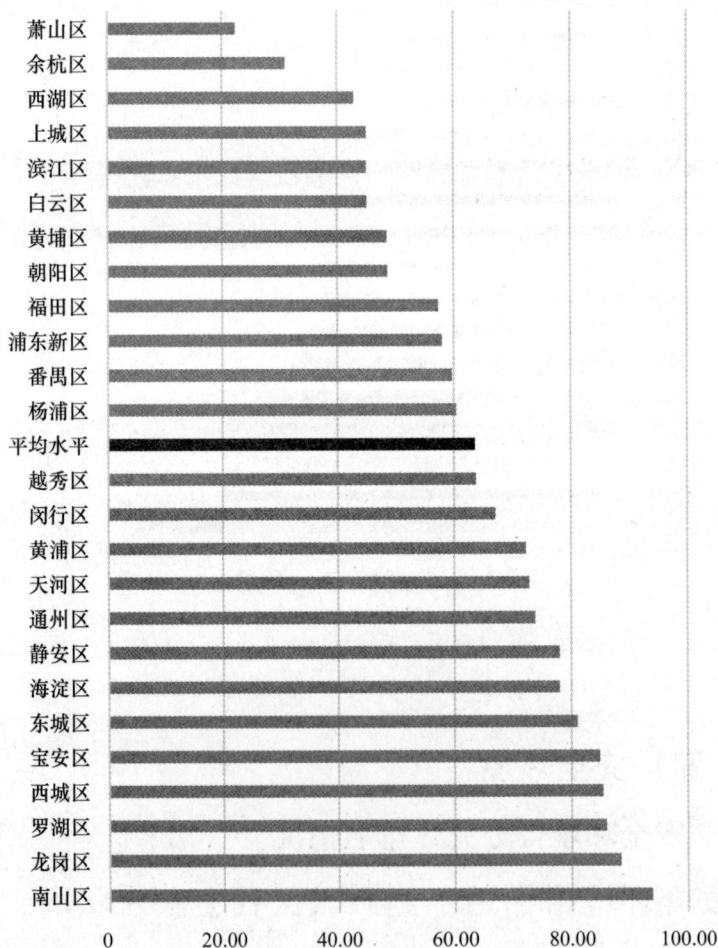

图 20　一线城区安全环境评估得分（分）

2. 三级指标得分贡献

从得分贡献上看，南山区在安全环境上得分排名第1，主要原因是其各方面的三级指标均取得了优异的成绩，每项三级指标均排名前列。其后的龙岗区、罗湖区以及西城区等排名靠前的城区在各个三级指标上得分较为均衡，表现较好。

（五）交通环境

1. 交通环境得分总体排名情况

交通环境指标用于刻画交通基础设施的配置情况，主要包括轨道交通配置、高铁配套情况、港口以及机场交通资源配备情况和城市综合交通运行效率情况。从综合得分看，南山区以72.54分排名第1，第2—5名的分别是浦东新区、余杭区、萧山区以及番禺区。排名靠后的分别为杨浦区、白云区、西湖区、静安区以及海淀区，如图21所示。

2. 三级指标得分贡献

南山区的交通环境得分排名第1，其在轨道交通配置、高铁配套等方面优势明显。排名第2的浦东新区，在城市综合交通状况、机场和港口配套等方面具有相对优势。交通环境排名靠后的城区中，总体交通基础设施条件较差，但静安区和杨浦区的港口配套情况具有相对优势，是它们交通环境中的亮点。

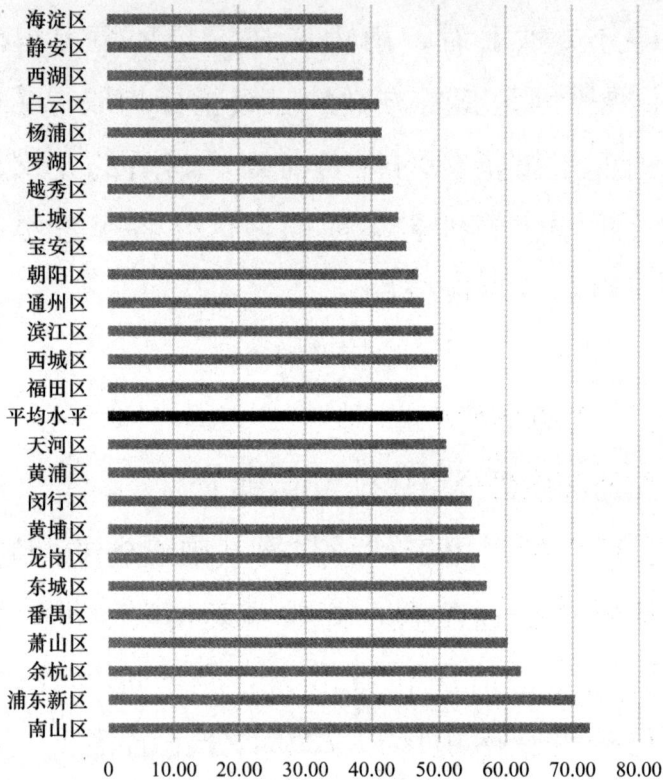

图21 一线城区交通环境评估得分（分）

（六）行政服务

1. 行政服务得分总体排名情况

行政服务指标用于描述城区政府行政服务的实际状况，主要从行政服务的效率、透明度情况、公共服务的财政投入等方面进行评估。

从得分来看，平均水平为46.11分，而排名靠前的城区分别为罗湖区、朝阳区、通州区、浦东新区以及上城区，排名靠后的城区为黄浦区、龙岗区、西城区、福田区和静安区，如图 22 所示。

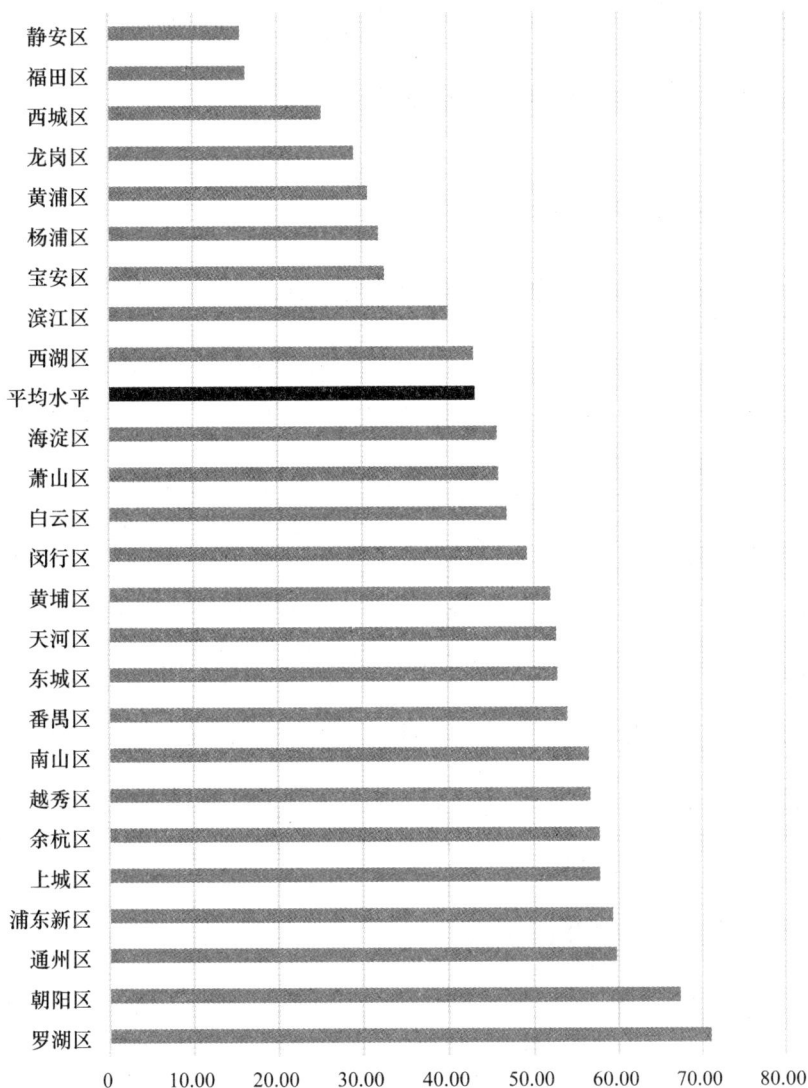

图 22　一线城区行政服务评估得分（分）

2. 三级指标得分贡献

行政服务方面，排名第 1 的罗湖区在行政服务效率与服务透明度方面各个三级指标上得分较为优异，优势明显；排名第2的朝阳区则在公共服务的财政投入等方面表现较好。排名靠后的滨江区等5个区主要失分原因是公共服务的财政投入偏低。

（七）经济水平

1. 经济水平得分总体排名情况

经济水平指标用于描述某城区的经济发展水平，主要从经济发展质量、第三产业发展情况、居民收入情况、投资潜力以及综合实力等方面开展评估。

从得分来看，平均水平为46.10分，总体得分较高，但是方差较大，各城区之间的经济水平差异较大。其中，排名靠前的福田区、天河区、西城区、越秀区以及东城区的经济水平平均分高达74分，优势明显，排名靠后的城区为滨江区、闵行区、龙岗区、宝安区以及通州区，如图23所示。

2. 三级指标得分贡献

排名第1的福田区在投资潜力、综合经济实力以及居民的收入水平上表现优异，排名第2的天河区则在第三产业发展情况方面优势明显。排名靠后的各城区主要在投资潜力以及综合实力方面得分不够理想。但是，排名靠后的西湖区在第三产业发展上表现不错。

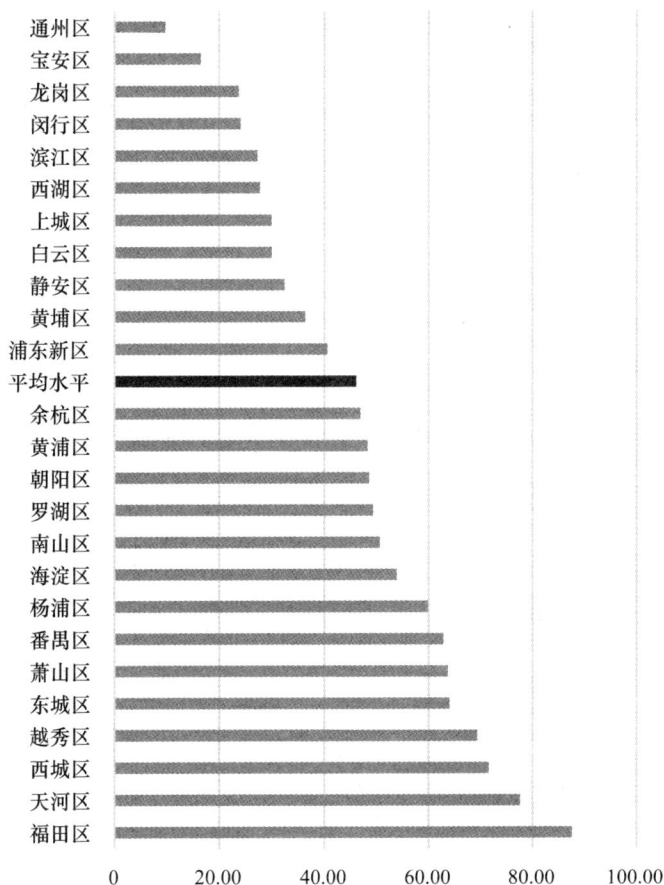

图 23　一线城区经济水平评估得分（分）

（八）市场发育

1. 市场发育得分总体排名情况

市场发育指标用于描述城区开展创新创业活动的适宜度，主要从经济体量、知识产权保护、产品质量、商事主体情况等方面开展评估。

从得分来看，市场发育得分可以整体分成两个阵营。首先是 40 分以上阵营，分别是浦东新区、海淀区、朝阳区以及南山区，排名靠后的城区为滨江区、上城区、杨浦区、静安区以及通州区，如图 24 所示。

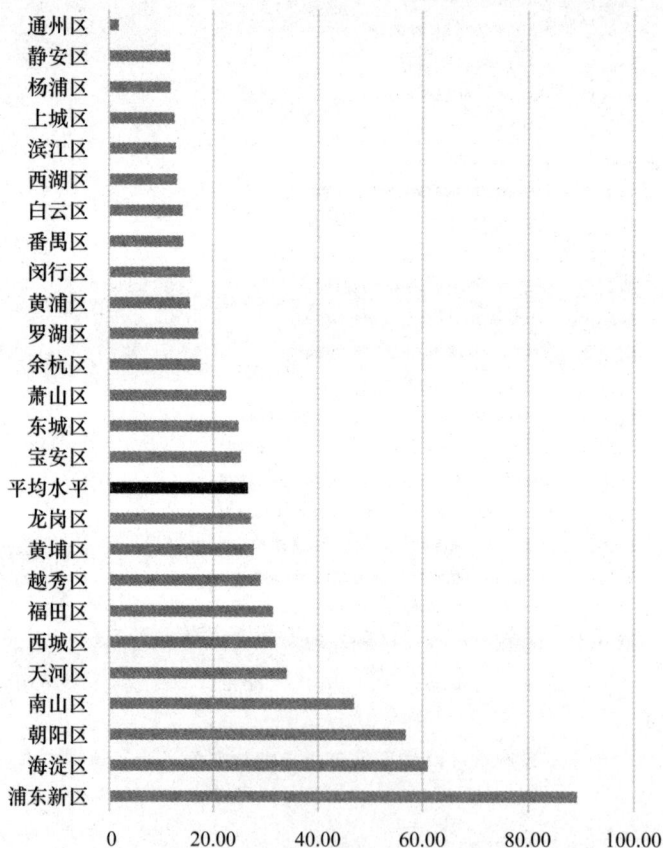

图 24　一线城区市场发育评估得分（分）

2. 三级指标得分贡献

从得分贡献上看，排名第 1 的浦东新区主要是因为其经济体量在一线城区占优较大，同时，在知识产权保护、产品质量提升等方面表现突出。排名第 2 的海淀区，除了在经济基础上体量居一线城区前列而占据优势外，其在知识产权保护与产品质量管控指标上的得分也较高，使得其综合得分靠前。在该二级指标排名靠后的上城区、滨江区，在产品质量管控方面表现不错。

（九）制度支持

1. 制度支持得分总体排名情况

制度支持指标用于描述城区对人才出台的各项专门政策，主要从人才工作的体制机制健全情况、人才工作的具体措施情况、人才工作的宣传情况、财政相关投入情况、人才落户改革情况等方面开展评估。

从得分看，制度支持平均得分为 34.19 分，总体得分中等，得分排名靠前的城区为黄埔区、通州区、黄浦区、闵行区以及番禺区，靠后的城区为萧山区、滨江区、西湖区、上城区以及静安区，如图 25 所示。

2. 三级指标得分贡献

从各三级指标得分贡献总体看，排名靠前的城区各项指标得分相对均衡，部分城区在特定指标上得分偏低。

从得分贡献看，排名第 1 的黄埔区整体制度支持水平较高，主要原因是高层次人才的生活保障制度以及高层次人才落户政策情况工作扎实，保障健全，但是其在财政投入和人才生活保障方面尚有提升空间。
排名第 3 的黄浦区在人才落户改革力度、人才工作体
制机制完善程度以及工作措施的扎实程度等方面都表
现较好，但在财政投入和人才工作开放度方面尚有提
升空间。

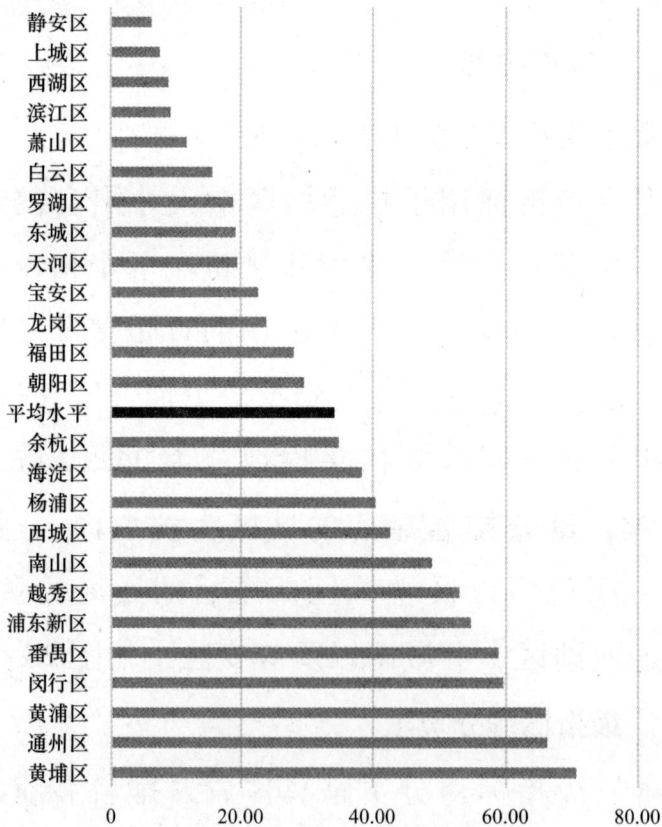

图25　一线城区制度支持评估得分（分）

（十）人才培养

1. 人才培养得分总体排名情况

人才培养指标用于描述该城区人才资源的质量、

结构等基本情况，主要从后备人才资源情况、技能人才资源情况等方面进行评估，重点在后备人才和产业人才。考虑到不少地区对"千人计划"等高端人才多为柔性引进，所以本次评估未予考虑。

从各城区得分看，平均水平为 14.86 分，总体得分偏低，且样本标准差高达 16.93，说明各城区得分差异较大。其中排名靠前的城区为上城区、滨江区、海淀区、朝阳区以及浦东新区。上城区得分为 65.36 分，与其他城区相比，优势明显。但是排名靠后的城区如黄浦区、黄埔区、余杭区、福田区以及宝安区得分偏低，拉低了一线城区的平均水平，如图 26 所示。值得指出的是，杭州各区在此指标表现不错，就是由于高技能产业人才培养较好。

2. 三级指标得分贡献

从排名靠前的城区得分贡献来看，贡献比例差异较大，部分城区在某项指标领先，但是这些城区在其他指标上又具有明显短板，使得综合得分偏低。人才培养方面排名第 1 的上城区，在国家产业技能人才资源上培养较好，但其后备人才培养方面尚有一定的提升空间。排名前列的滨江区、海淀区以及浦东新区分别在高端人才资源、后备人才资源和技能人才资源方面拥有相对优势，但短板也比较明显，如滨江区在技能人才资源方面表现不佳。

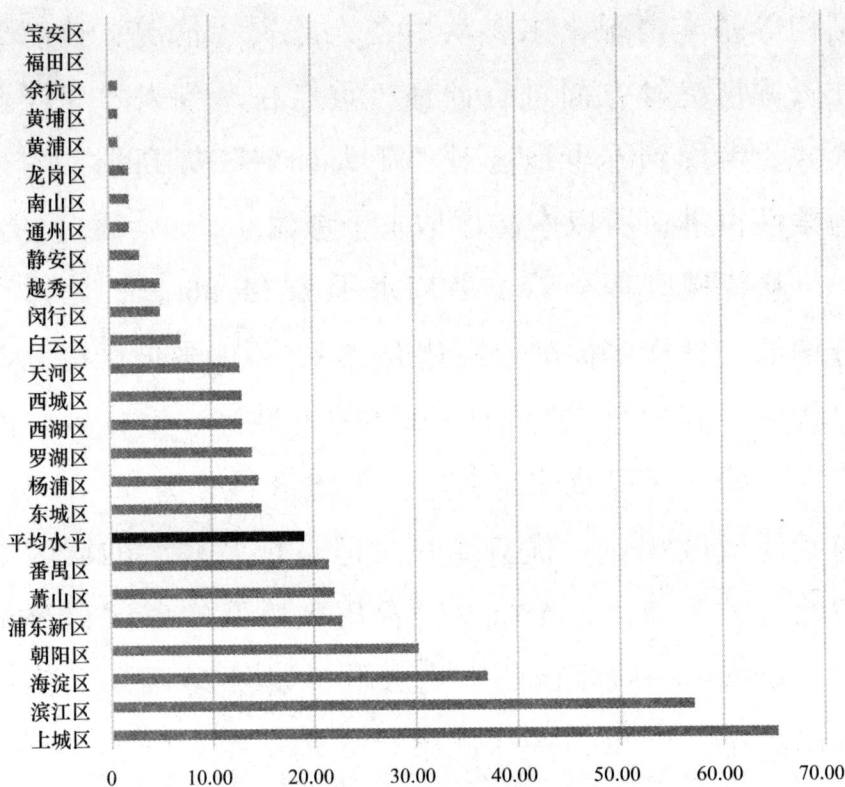

图 26　一线城区人才培养评估得分（分）

（十一）平台建设

1. 平台建设得分总体排名情况

平台建设指标用于描述人才创新创业可以利用的相关平台情况，主要从科技企业孵化、众创空间、特色平台建设情况、举办人才国际会议情况、人才市场发展情况、创投资金情况等方面进行评估。

平台建设平均得分为 24.70 分，总体得分不高，整体差异不大。从排名看，平台建设得分排名靠前的城区为南山区、天河区、朝阳区、西湖区以及东城区，它们分别在特色平台建设、举办人才国际会议、吸引创投资金、搭建众创空间等方面具有明显的优势。排名靠后的城区为龙岗区、番禺区、罗湖区、越秀区以及白云区。这些区在个别指标上也有一定的竞争力，如番禺区在特色平台建设上具有相对优势，如图 27 所示。

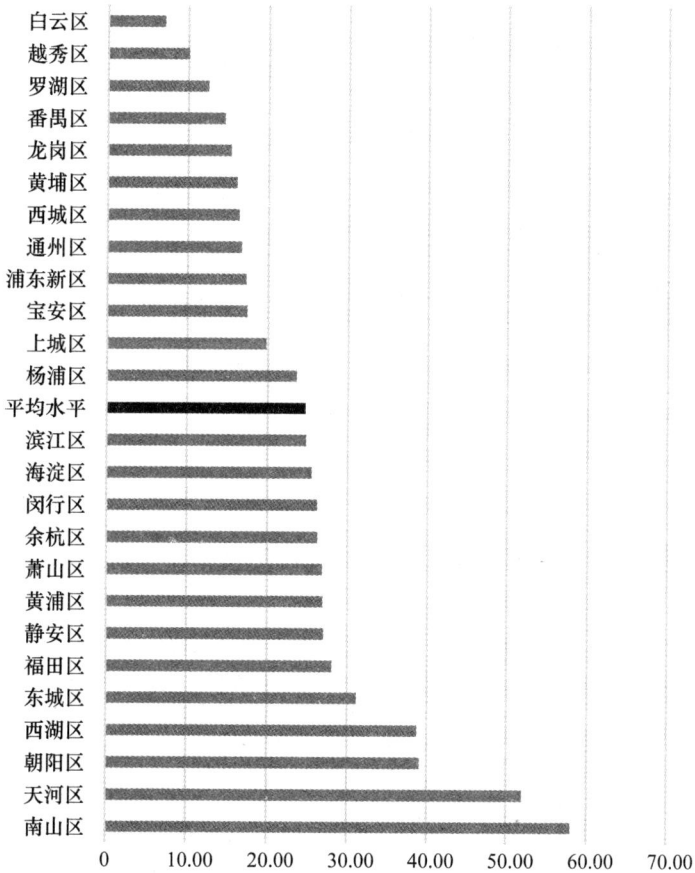

图27 一线城区平台建设评估得分（分）

2. 三级指标得分贡献

从各三级指标得分贡献上看，总体情况是各三级指标得分贡献差异较大。其中,南山区平台建设得分排名第 1,主要是因为其在众创空间、特色平台建设、科技企业孵化等方面表现突出,其他指标得分也处于中游水平,但人才市场、吸引创投资金方面仍然有提升空间。排名第 2 的天河区在人才市场方面得分较高。排名第 3 的朝阳区则在举办国际会议方面优势明显。排名靠后的城区主要是因为其大部分指标得分偏低。

(十二) 创新活力

1. 创新活力得分总体排名情况

创新活力指标用于描述城区创新创业的活力,主要从专利申请和授权情况、研发经费情况、高新技术企业情况等方面展开评估。

从得分结果看,各城区平均得分为 22.07 分,总体得分偏低,排名靠前的几个城区得分相对较高,如滨江区、海淀区、南山区、黄埔区以及西城区;排名靠后的城区则得分相对偏低,如静安区、黄浦区、萧山区、白云区以及罗湖区,如图 28 所示。

2. 三级指标得分贡献

从得分贡献上看,滨江区在专利申请和授权、研发经费方面表现优异,海淀区在高新技术企业发展等方面表现突出,南山区在专利申请与高新技术企业发展方面表现不错。

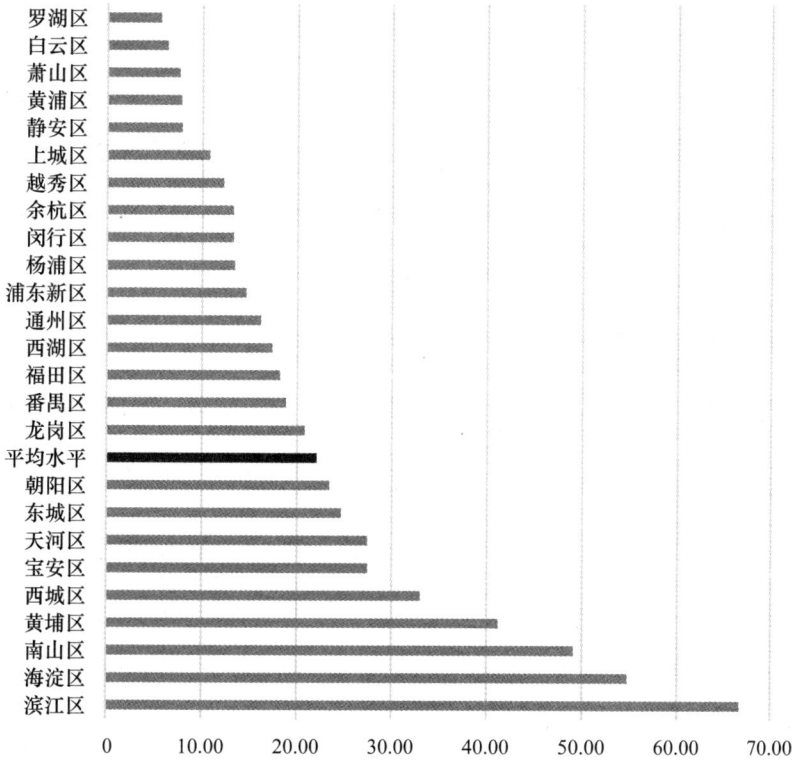

图28 一线城区创新活力评估得分（分）

三 分城市评估结果分析

本部分以 25 个一线城区所属城市为分析视角，分别对一线城区人才创新创业优质生态圈及分项领域的平均水平和城区间的差异水平进行比较分析。其中，用城市所辖城区的人才创新创业优质生态圈评估得分平均值衡量城市的平均水平，用城市所辖城区的人才创新创业生态圈评估得分的标准差衡量城市内城区间的差异化水平。

（一）人才生活环境：深圳领跑

人才生活环境的评估主要从人居环境、医疗环境、教育环境、安全环境、交通环境和行政服务6个方面展开。评估结果显示，深圳一线城区的人才生活环境平均水平最高，杭州一线城区的人才生活环境平均水平相对偏低。从一线城区平均水平分布来看，深圳、广州和北京3个城市所辖城区的人才生活环境平均水平高于25个一线城区的平均水平；上海和杭州两个城市所辖城区的平均水平低于25个一线城区的平均水平。从城区差异水平来看，上海所辖5个区的人才生活环境水平差异最小，人才生活环境评估得分标准差只有1.3，杭州和广州人才生活环境水平差异最大，其中，广州各城区差异水平为2.7，高于25个区差异水平（2.2），具体如图29所示。

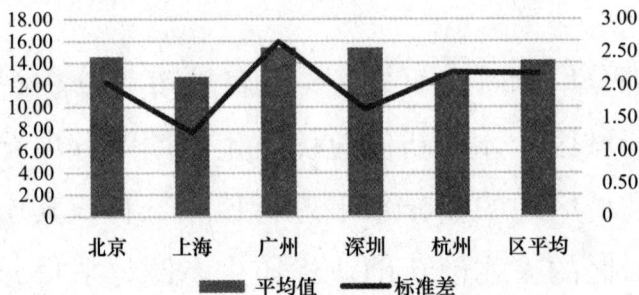

图29　北上广深杭5市城区人才生活环境评估
平均得分与差异水平比较（分）

1. 人居环境

评估结果显示，广州一线城区的人居环境平均水平最高，北京一线城区的人居环境平均水平相对最低。从一线城区平均水平分布来看，深圳和广州两个城市所辖城区的人才生活环境平均水平高于 5 个一线城区的平均水平；杭州、上海和北京 3 个城市所辖城区的平均水平低于 25 个一线城区的平均水平。从城区差异水平来看，北京所辖 5 个区的人居生活环境水平差异最小，人居生活环境评估得分标准差只有 5.73，杭州、上海和深圳人居生活环境水平差异较大，其中，杭州所辖城区差异水平（12.95）高于 25 个一线城区的差异水平（12.44），具体如图 30 所示。

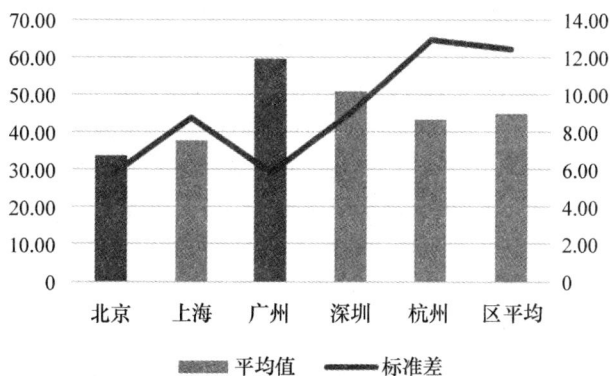

图 30　人居环境评估平均得分与差异水平比较（分）

2. 医疗环境

评估结果显示，北京一线城区的医疗环境平均水平最高，深圳一线城区的医疗环境平均水平相对较低。从一线城区平均水平分布来看，北京、广州和杭州3个城市所辖城区的医疗环境平均水平高于25个一线城区的平均水平。从城区医疗环境差异水平来看，深圳、上海和北京所辖5个区的医疗环境水平差异相对较小，均小于25个一线城区的差异水平（标准差为24.64）；杭州医疗环境水平差异最大，标准差为34.03，高于一线城区24.64的差异水平，具体如图31所示。

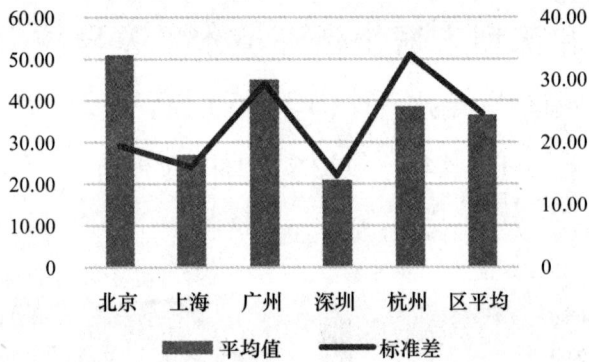

图31　北上广深杭5市城区医疗环境评估
平均得分与差异水平比较（分）

3. 教育环境

评估结果显示，深圳、广州的教育环境整体很好，其得分高于平均分（42.85分），上海与北京教育环境较好，但基础教育资源相对不足。从城区教育环境差异水平来看，上海和杭州所辖5个区的教育环境水平差异相对较小，均小于25个一线城区的差异水平（标准差为 13.38）；广州所辖 5 个区教育环境水平差异最大，标准差达 16.68，具体如图 32 所示。

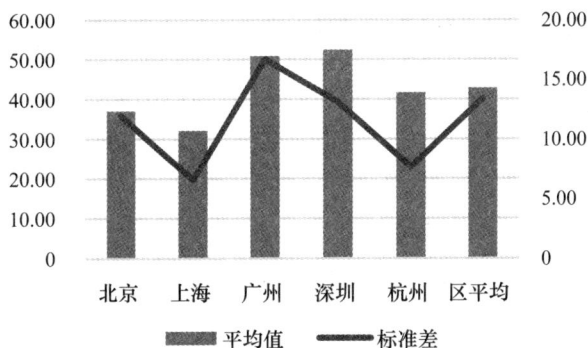

图 32 北上广深杭 5 市城区教育环境评估
平均得分与差异水平比较（分）

4. 安全环境

评估结果显示，深圳一线城区的安全环境平均水平最高，杭州以及广州一线城区的安全环境平均水平相对偏低，有提升空间。从一线城区安全环境平均得分分布来看，深圳、北京和上海 3 个城市所辖城区的安全环境平均水平高于 25 个一线城区的平均水平。进一步从城区安全环境差异水平来看，上海所辖 5 个区的安全环境水平差异最小，小于 25 个一线城区的差异水平（标准差为 19.04）；深圳和北京分别所辖的 5 个区安全环境水平差异较大，标准差分别达 14.24 和 14.44，但均比总体标准差要小，具体如图 33 所示。

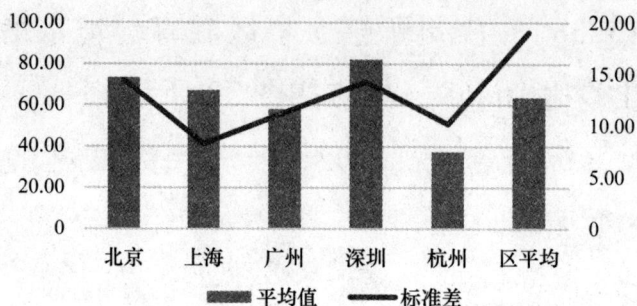

图33　北上广深杭5市城区安全环境评估

平均得分与差异水平比较（分）

5. 交通环境

评估结果显示，深圳一线城区的交通环境平均水平最高，北京一线城区的交通环境平均水平相对最低。从一线城区交通环境平均得分分布来看，只有深圳、杭州和上海3个城市所辖城区的交通环境平均水平高于25个一线城区的平均水平。进一步从城区交通环境差异水平来看，广州所辖5个区的交通环境水平差异

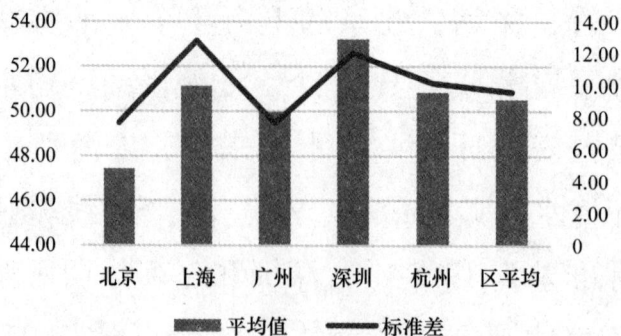

图34　北上广深杭5市城区交通环境评估

平均得分与差异水平比较（分）

最小，标准差只有 7.63，低于 25 个一线城区的差异水平（标准差为 9.58）；深圳所辖 5 个区交通环境水平差异最大，标准差达 12.02，高于一线城区的差异水平，具体如图 34 所示。

6. 行政服务

评估结果显示，北京一线城区的行政服务平均水平最高，上海一线城区的行政服务平均水平相对有较大提升空间。从一线城区行政服务平均得分分布来看，只有北京和杭州两个城市所辖城区的行政服务平均水平高于 25 个一线城区的平均水平。进一步从城区行政服务差异水平来看，杭州所辖 5 个区的行政服务水平差异最小，小于 25 个一线城区的差异水平（标准差为 14.92）；深圳所辖 5 个区行政服务水平差异最大，标准差为 21.41，高于一线城区的差异水平，具体如图 35 所示。

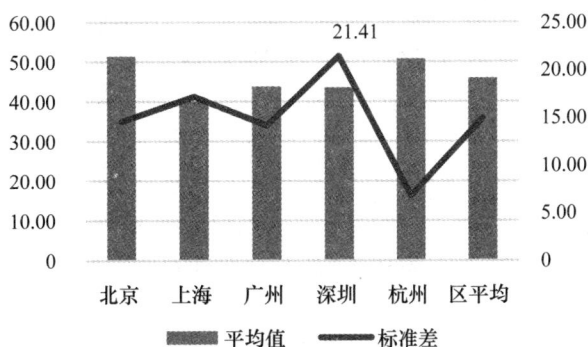

图 35　北上广深杭 5 市城区行政服务评估

平均得分与差异水平比较（分）

（二）人才发展环境：北京领先

人才发展环境的评估主要从经济水平、市场发育、制度支持、人才培养、平台建设和创新活力6个方面展开。评估结果显示，北京一线城区的人才发展环境平均水平最高，杭州一线城区的人才发展环境平均水平相对最低。从一线城区人才发展环境平均得分分布来看，只有北京和广州两个城市所辖城区的人才发展环境平均水平高于25个一线城区的平均水平。进一步从城区人才发展环境差异水平来看，杭州所辖5个区的人才发展环境水平差异最小，小于25个一线城区的差异水平（标准差为2.38）；深圳和上海所辖5个区人才发展环境水平差异最大，标准差分别达7.75和5.91，均高于一线城区的差异水平，具体如图36所示。

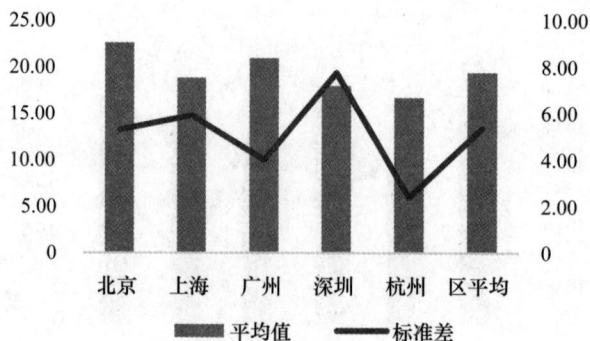

图36　北上广深杭5市城区人才发展环境评估
平均得分与差异水平比较（分）

1. 经济水平

经济水平这个指标，涉及人均 GDP、城镇居民人均可支配收入、第三产业增加值占比等 5 个方面，比较具有综合性，而非仅仅考核 GDP 情况。评估结果显示，广州一线城区的经济水平平均得分最高，杭州一线城区的经济水平平均得分不够理想。从一线城区经济水平平均得分分布来看，只有广州和北京所辖城区的平均经济水平高于 25 个一线城区的平均水平。进一步从城区经济水平差异来看，深圳所辖 5 个区经济水平差异最大，标准差达 27.91，高于 25 个一线城区的差异水平（20.21），属于"高水平下的大差异"；上海所辖 5 个区的经济水平差异最小，标准差值只有 13.83，属于"低水平下的小差异"，具体如图 37 所示。

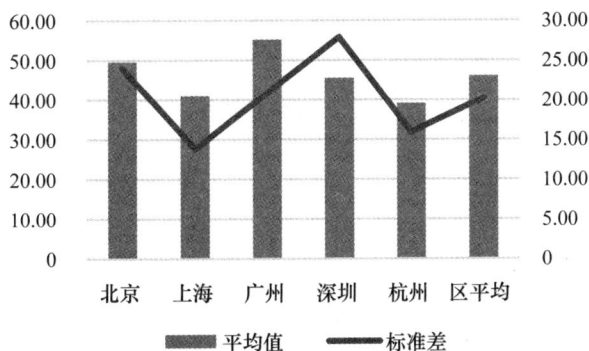

图 37 北上广深杭 5 市城区经济水平评估
平均得分与差异水平比较（分）

2. 市场发育

评估结果显示，北京一线城区的市场发育平均得分最高，杭州一线城区的市场发育平均得分相对不够理想。从一线城区市场发育平均得分分布来看，上海、北京和深圳所辖城区的市场发育高于 25 个一线城区的平均水平。从城区市场发育差异水平来看，上海所辖 5个区市场发育水平差异最大，标准差值达 33.18，高于一线城区的差异水平（19.28）；杭州和广州所辖城区的市场发育差异较小，具体如图 38 所示。

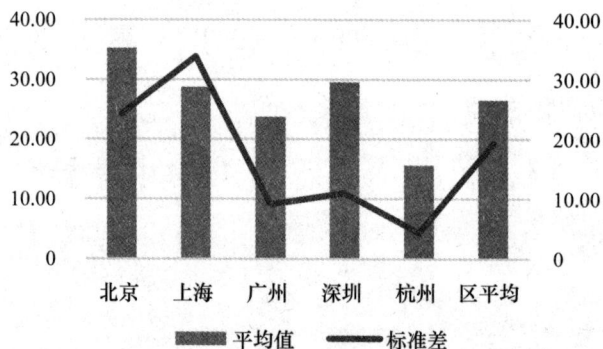

图 38　北上广深杭 5 市城区市场发育平均得分
与差异水平比较（分）

3. 制度支持

评估结果显示，上海一线城区的制度支持平均得分最高，杭州一线城区的制度支持平均得分相对不高。从一线城区制度支持平均得分分布来看，上海、北京和广州所辖城区的制度支持平均水平高于 25 个一线城区的平均水平。进一步从城区制度支持差异水平来看，广州所辖 5 个区制度支持水平差异最大，标准差值达 24.57，高于一线城区的差异水平（20.72）；杭州所辖 5 个区的制度支持差异最小，但属于"低水平下的小差异"，具体如图 39 所示。

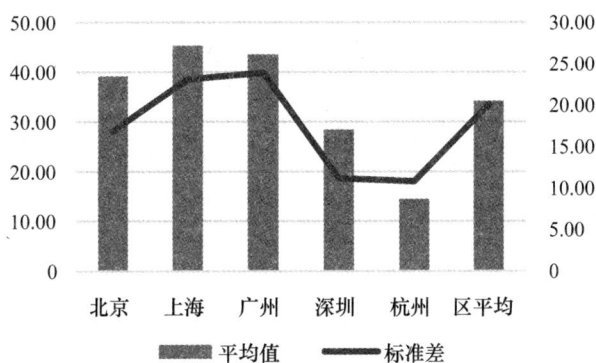

图 39 北上广深杭 5 市城区制度支持平均得分
与差异水平比较（分）

4. 人才培养

评估结果显示，由于重视对国家高技能人才等产业人才的培养，杭州一线城区的人才培养平均得分最高，深圳一线城区的人才培养平均得分相对最低。从一线城区人才培养平均得分分布来看，杭州、广州和北京所辖城区的人才培养平均水平高于 25 个一线城区的平均水平。进一步从城区人才培养差异水平来看，

杭州所辖 5 个区人才培养水平差异最大，标准差值达
24.86，高于一线城区的差异水平（17.28），属于
"高水平下的大差异"；深圳所辖 5 个区的人才培养水
平差异最小，标准差值只有 5.47，属于"低水平下的
小差异"，具体如图 40 所示。

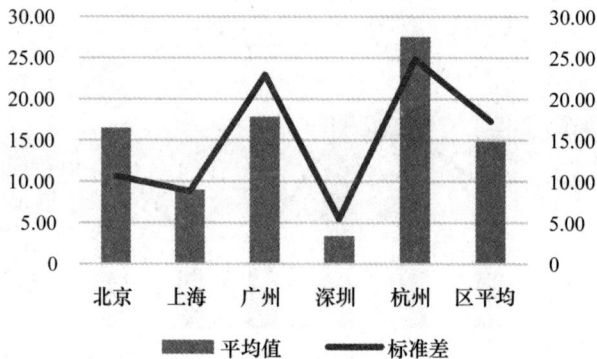

图 40　北上广深杭 5 市城区人才培养平均得分
与差异水平比较（分）

5. 平台建设

评估结果显示，杭州一线城区的人才平台建设平
均得分最高，广州一线城区的人才平台建设平均得分
相对最低。从一线城区人才平台建设平均得分分布来
看，杭州、北京和深圳所辖城区的人才平台建设平均
水平高于 25 个一线城区的平均水平。进一步从城区人
才平台建设差异水平来看，深圳所辖 5 个区人才平台
建设水平差异最大，标准差达 18.67，高于一线城区

的差异水平（12.13），属于"高水平下的大差异"；上海所辖5个区的人才平台建设得分差异最小，标准差值只有6.99，属于"高水平下的小差异"，具体如图41所示。

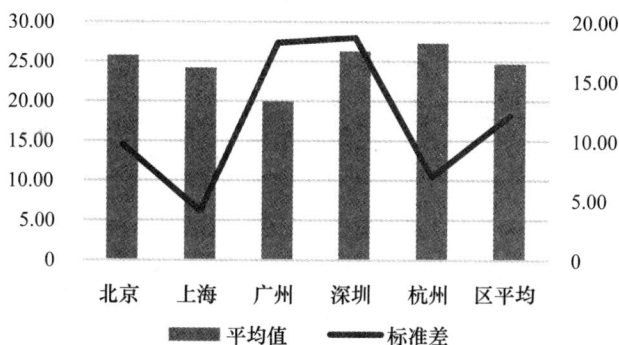

图41　北上广深杭5市城区人才平台建设平均得分
与差异水平比较（分）

6. 创新活力

评估结果显示，北京一线城区的人才创新活力平均得分最高，上海一线城区的人才创新活力平均得分相对最低。从一线城区人才创新活力平均得分分布来看，北京、深圳和杭州所辖城区的人才创新活力平均水平高于25个一线城区的平均水平。进一步从城区人才创新活力差异水平来看，杭州所辖5个区人才创新活力水平差异较大，标准差达24.59，高于一线城区的差异水平（15.9），属于"高水平下的大差异"；上海所辖5个区的人才创新活力得分差异最小，标准差值只有 3.29，属于"低水平下的小差异"，具体如图 42 所示。

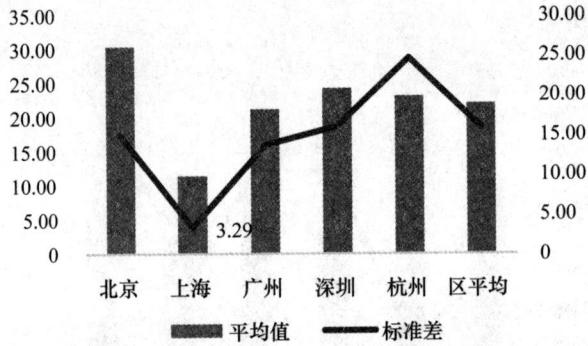

图42　北上广深杭 5 市 25 区人才创新活力

平均得分与差异平均比较（分）

第四章　政策建议

随着各大城市持续推进产业转型升级，新增的就业岗位多、人才需求量大，对人才的竞争成为必然。对一个地区发展来讲，如何做好人才引进、人才培养、人才发展，激活人才创新活力，实实在在地为当地经济发展做贡献，显得日趋重要。从对25个一线城区人才创新创业生态圈评估结果分析来看，人才创新创业生态圈评估成绩靠前的地区，不仅在人居环境、教育环境等人才生活软环境方面具有较好的条件保障，而且在市场发育、制度支持、平台建设等人才发展硬环境方面提供了较好的制度保障和发展平台。凤巢筑得越好，人才才能"引得来、育得出、长得快"，因此如何为人才提供良好的生活环境和发展环境，对吸引人才、留住人才和培养人才至关重要。

一是注重提高物质条件，更要创造发展平台。"待遇留人"很重要，但"事业留人"更关键。一时红利留不住人，哪里的体制活，哪里才是人才干事创业的沃土；哪里的服务好，哪里就能让人才落地生根。因此，对于地区人才发展来讲，一方面要不断优化城市社会的硬环境和软环境，持续改善地区的营商环境，提高政府服务效率和水平；另一方面也要为人才干事创业营造富有活力的体制机制和发展平台，在破除体制机制障碍上多使劲，既避免"骑着骏马找良驹"，又防止"大松树当柴烧"，以地区的先天优势来弥补部分条件的不足。

当前，全球经济疲软，各国经济都存在各式各样的困难，更需各种各样的人才去想办法、找出路。发展平台意味着人才施展才干的空间，意味着创新创业的空间，意味着法治化的营商环境，意味着产权保护和人身安全，从而成为人才创新创业、干成事业的最为重要的基础性支撑。

二是注重个人发展培养，更要提供生活保障。任何个人的成长和发展都离不开家庭的培育和支持，地方政府要在制定人才政策优惠针对性上下功夫，抓好子女入学、家属就业、医疗保健、社会保障等生活保障细节。人的生活自古离不开"衣食住行"4个字，在住房、子女教育、医疗等方面做好家庭生活保障，对吸引人才、留住人才起着关键作用。

要认识到，人才奋斗的黄金期，也是一个人人生的"多事之期"，上有老、下有小，有家庭、有事业，事业的开拓、家庭的压力，往往集中在这个时期；特别是在房价高涨、物价上升的情况下，压力更大。如果有更好的教育、医疗保障，就能更好地为他们解决后顾之忧。

三是把握人才发展和创新活动规律，完善人才创新创业生态圈。党的十八大之后，人才竞争已经成为地方政府竞争的重要方面。这一方面说明地方政府对人才资源重要性认识的提高；另一方面，在竞争中，也表现出了吸引人才政策的同质化和功利化倾向。而要想真正建立起一个完善的人才创新创业生态圈，就必须把握人才发展和创新活动规律，精准发力，有效施策。

常常被政府忽视，而又非常关键的地方在于：第一，破除对论文、学历、职称的迷信，激发和呵护年轻人的创新创业热情，让人人都能成才，而不是坐等人才上门。创造性人人皆有，它是人的智力发展和创新心理的集中体现，但往往仅有部分人的创造性得到了较为充分的开发，从而成为创新人才。因此，创新人才的形成必须有相应的物质、制度、文化、历史传统等条件，唯有"处处是创造之地，天天是创造之时"，方有"人人是创造之人"。在某种程度上，这些条件的创造可以称得上是一种人力资本投资，而后者已经成为现代经济增长的主要动力和源泉。这些条件的创造和投入必须着眼于中国创新人才成长的基本特点。创新人才成长过程中有一段时期是其创新成果产出的最佳时段，一般是30—40岁，国外学者的研究结论与此相同，即中青年是创新人才成长的关键时期，很多诺贝尔奖获得者都是在这个时期取得相应的研究成果的。而在其出成绩之前，往往要经过一定时期的积累，没有这种积累，"人才"难以形成。因此，人才政策除了关注已经做出成就的人才，也应将有可能成为人才的青年群体纳入考虑范畴。

第二，根据创新的一般过程，政府应当发力于不容易获得市场回报的创新环节，以及有可能获得市场回报，但市场机制尚不完善的地方。在线性创新模式中，研究项目越远离市场端，那么该项目从市场渠道得到的激励就会越小，市场失效的情况就会越明显。因此，政府对人才的政策支持和财力投入作为一种人力资本投资，就应当更加投向这样的环节，以弥补因市场失效而造成的科研活动失去动力。很多创新活动的成果已经离市场端很近，但由于信息不健全或者产权不明晰等导致无法获得市场回报，这就会出现市场失灵。在这样的情况下，政府以政策或立法健全市场规则、发展市场机制，确立成果的市场正向回报，将大大推动创新成果的应用，从而为人才的创新创业发挥不可替代的作用。

四是引进人才与培养人才相结合，不能"好了女婿苦了儿"。"聚天下英才而用之"是一个美好的理想，千方百计吸引人才也是重要的政策方向，但必须注意的是，在人才引进的同时，不能忽略本区域、本单位对人才的培养，也不能忽视了本区域已经培养出来的人才。否则，自己培养的人才得不到重视，就可能被别的地方给"引才"引走了，结果是得不偿失。同时，在引进人才上，也切忌急功近利。在大多数时候，应该以市场需求为出发点，以具体问题为引才导向。但对于一个区域、一个城市的治理团队而言，还应该有更长远的眼光和更具战略性的布局，尤其是应该以前瞻眼光和长远战略，积极培养基础理论人才，合理进行人才布局。

五是推进单位民主机制，营造真正尊重知识、尊重人才的氛围。人才往往有强烈的抱负，也有极大的自尊。要认识到，在中国，无论是有一定规模的私营企业，还是国有企业，抑或是科研事业单位，几乎都有官僚主义、形式主义的机关病，单位民主机制不够好，民主氛围也较差，单位领导特别是"一把手""一言堂"情况较为严重，往往挫伤人才积极性。在全社会提升民主氛围，尤其是在国有企事业单位提升民主氛围，对吸引人才极为重要，但还有很多工作要做，必须真正重视，切实改进。

参考文献

中华人民共和国科学技术部：《中国科技人才发展报告（2016）》，科学技术文献出版社 2017 年版。

中国社会科学院人事教育局编：《发达国家人才战略与机制：以德法英日为例》，中国社会科学出版社 2016 年版。

中国社会科学院人事教育局编：《中国人才制度分析报告》，中国社会科学出版社 2016 年版。

王瑞军、李建平、李闽榕、施筱勇、黄茂兴著：《城市创新竞争力蓝皮书：中国城市创新竞争力发展报告（2018）》，社会科学文献出版社 2018 年版。

姜睿雅：《以完善的人才评估机制激发人才活力》，《中国人才》2013 年第 27 期。

萧鸣政：《人才评估机制问题探析》，《北京大学学报》（哲学社会科学版）2009 年第 3 期。

庞彦军、刘开第、张博文：《综合评估系统客观性指标权重的确定方法》，《系统工程理论与实践》2001年第8期。

后　记

经过近一年的努力，人才创新创业优质生态圈评估终于告一段落。在此次评估中，中国社会科学院法学研究所联合中国社会科学院政治学研究所、国家"人才理论研究基地"北京市社会科学院基地、中央党校、北京大学等科研院所相关领域专家，成立了"人才创新创业优质生态圈评估"课题组，对北京、上海、广州、深圳、杭州5个一线城市25个一线城区（每个城市的 GDP 前 5 名城区）人才发展生态环境进行综合评估。

科学的指标是评估工作开展的前提。人才创新创业优质生态圈评估自 2017 年年底启动，课题组先后召开了近 20 场专题研讨或咨询会议，并按照德尔菲法确定指标权重，最终形成了一套较为科学合理的评估指标体系，为本次评估提供科学、客观、充分的评估依据。

人才创新创业优质生态圈评估得到了相关市委及

区委组织部的大力支持。课题组于 2018 年 9 月 17 日向各相关市委组织部及区委组织部快递了请求对评估进行协助的公函和材料，广州市委组织部迅速与课题组取得联系，并积极协助开展本次评估活动。此外，海淀区、番禺区、西城区、通州区、黄浦区、天河区、黄埔区、越秀区、白云区、南山区、福田区、龙岗区、罗湖区、余杭区 14 个区委组织部也与课题组取得联系，或为人才创新创业优质生态圈评估的数据复核和补充提供了充分协助。这既反映了他们对人才工作的真正重视，也反映了他们人才工作的开放、反馈的灵敏以及工作的高效。对此，我们深表赞赏和感谢！

在评估过程中，课题组对所有 25 个区的政务服务中心及每区 1 个随机抽取的派出所进行了电话调研，分组前往广州、北京、上海、杭州进行了实地调研，考察了各市各区人才创新创业生态的具体情况。其中在上海和杭州 2 市着重调研、考察各区的行政服务效率和透明度。课题组成员对上海政务"一网通办""窗口无否定权"和杭州政务的"最多只跑一次"印象深刻，其间相关行政服务人员面对课题组"明察加暗访"的调研活动提出的相关问题都仔细解答和回应，这些细节不仅是服务流程的简化和优化，更是服务质量和体验的提升。

我们期待着，人才创新创业生态的不断优化能够

成为中国识才、爱才、育才、用才的优质土壤，成为
促进人才培育、交流、发展源源不绝的动力，从而促
进人才发展与经济社会发展深度融合，促进中国具有
全球竞争力人才制度体系的构建，聚天下英才而用之。

支振锋

2018 年 10 月 23 日

支振锋，中国社会科学院法学研究所研究员、中国社会科学院大学教授、《环球法律评论》杂志副主编；博士生导师，国家高层次人才特殊支持计划（万人计划）青年拔尖人才，江西省"双千计划"创新领军人才；《人民日报》评论部专家顾问组成员，中国法理学研究会常务理事，中国特色社会主义法治理论研究会理事，中国廉政研究中心理事，中国网络与信息法学研究会理事。

出版法学专著 3 部，译著 6 部，在《法学研究》等核心期刊发表学术论文 50 余篇，在《人民日报》《光明日报》《求是》"两报一刊"发表理论文章 50 余篇，其中 6 篇文章被《新华文摘》《中国社会科学文摘》《高等学校文科学术文摘》转载。另在《法制日报》《检察日报》《人民法院报》《中国青年报》《环球时报》《南方周末》等报刊发表各类文章 200 余篇。

作为首席专家主持国家社科基金特别委托项目，中央宣传部、中央网信办、最高人民法院、教育部、司法部等部门委托项目近 20 项。

张真理，北京市社会科学院法学研究所所长，研究员，法学博士，中国比较法学会理事，北京市法学会比较法学研究会副会长，北京"一带一路"法律研究会秘书长，国家"人才理论研究基地"北京市社会科学院基地负责人。

发表数十篇学术论文，出版专著 3 部。为首个社会风险信访评估指数及其应用软件研发人。多项研究成果获得省部级以上领导批示。

刘朋朋，中国社会科学院政治学研究所助理研究员，中国社会科学院研究生院政治学博士，主要研究领域涉及政府体制改革与绩效评估，曾参与财政部民航发展基金绩效评估、中国社会科学院创新项目"中国地方政府绩效评估"等课题。

刘小敏，北京市社会科学院助理研究员，中国社会科学院数量经济学博士。主要研究方向为宏观经济模型及应用。发表学术论文多篇，承担多项政府委托课题。

叶子豪，中国社会科学院法学研究所（研究生院）硕士研究生。参与中央网信办、最高人民法院等一系列评估课题，有丰富调研经验和出色的问题分析能力。

韩莹莹，北京物资学院助理研究员，校办副主任，研究领域为民商法、法律理论。参与国家社科基金、中央网信办重大调研课题等课题若干项，在《环球法律评论》《法制日报》《民主与法制》等报纸、杂志发表论文或译文十余篇。曾获省级先进个人表彰。